SEÑOR, QUIERO CONOCERTE

SEÑOR, QUIERO CONOCERTE

Un Estudio Devocional
de los nombres de Dios

KAY ARTHUR

SEÑOR, QUIERO CONOCERTE
PUBLICADO EN INGLÉS POR WATERBROOK PRESS
12265 Oracle Boulevard, Suite 200
Colorado Springs, Colorado 80921
Una división de Random House Inc.

Todas las citas bíblicas han sido tomadas de la *Nueva Biblia Latinoamericana de Hoy*; texto basado en *La Biblia de las Américas*®. © Copyright 1986, 1995, 1997 por la Fundación Lockman. Usadas con permiso (www.lockman.org).

ISBN 978-1-62119-459-0

2015—Edición Estados Unidos

CONTENIDO

Oh Padre,

como lo hiciste con Moisés,

haz que toda Tu bondad

pase delante de nosotros,

proclama el nombre del Señor

ante nosotros,

danos Tu gracia y

muéstranos Tu compasión.

A. C. DIXON

INTRODUCCIÓN

Gran parte de nuestra confusión, dolor, inseguridad y decisiones erróneas, se deben a que no conocemos a Dios Puede que sepamos *acerca de Él* — o lo que otros saben o dicen de Él — pero, ¿sabemos lo que Dios dice acerca de Sí mismo? ¿Sabemos por nosotros mismos quién es Él realmente y por consiguiente, cómo se comporta en relación con los asuntos de la humanidad?

Señor, Quiero Conocerte, ha sido usado por Dios en la vida de más de doscientas mil personas y traducido a más de sesenta idiomas alrededor del mundo. Su contenido es fundamental para nuestra fe — para nuestras vidas.

Daniel 11:32 es un pasaje en el cual el contexto es una crisis de fe y, en medio de todo esto, nos asegura que, "más el pueblo que conoce a su Dios se esforzará y actuará." En otras palabras, cuando conocemos a Dios como verdaderamente es Él, hay un poder especial en nuestras vidas — la capacidad de permanecer firmes. No se nos deja en un estado de inercia donde muchos se encuentran hoy, por no conocer ni entender la persona y caminos de su Dios.

Esto, es lo que *Señor, Quiero Conocerte* realizará en tu vida. Cómo anhelamos que pudiéramos sentarnos frente a frente, mientras compartimos una taza de café o té, para poder contarte las milagrosas y sorprendentes historias de lo que ha sucedido en la vida de personas, tanto jóvenes como adultos, gracias al estudio de los nombres de Dios. Aunque nunca escuches estas historias, amigo, sabemos que tendrás tu propia historia y podrás decir que conoces los nombres de Dios y que haces de esos nombres tu torre fuerte, tu refugio en tiempos de necesidad y en cada momento crítico de la fe.

Si hay la posibilidad de que utilices este material en un grupo de estudio, en el que tú puedas ser el moderador, entonces lee "Lineamientos Para uso en Grupo" en la sección "Fuentes de Estudio" al final de este libro, donde encontrarás otras herramientas valiosas que ampliaran este estudio.

Para más información, llama sin costo alguno a Ministerios Precepto Internacional en Estados Unidos (1-800-763-8280) o a la oficina más cercana a tu país y permite que uno de los miembros de nuestro equipo te ayude. Será un gusto atenderte. Además brindamos el entrenamiento necesario si deseas desarrollar tus habilidades para usar la Palabra de Dios con más precisión o para dirigir a otros en estudios de grupo diseñados para ministrar a personas de todas las edades y con cualquier nivel de compromiso, respetando las limitaciones de su tiempo. Se nos conoce como "Las Personas del Estudio Inductivo, quienes buscan alcanzar a todos, en todas partes, a cualquier hora, en cualquier lugar, en cualquier idioma, a cualquier edad. Con un mensaje: la Biblia. Con un método: el estudio inductivo."

Por favor no dudes en llamarnos.

Finalmente, permítenos compartir nuestra visión — la posibilidad de un nuevo camino de ministerio para ti.

Un nuevo comienzo —
Una ruta de ministerio —
Un sentido de hacer algo que tiene valor eterno

Estas son tres cosas que consideramos muy importantes. Hay tanto que aprender, conocer, experimentar, hacer — y no queremos perderlas nunca de vista. De lo contrario nos perderíamos lo que Dios tiene para nosotros. No alcanzaríamos el tremendo potencial de nuestras vidas — un potencial que es nuestro porque somos Suyos, porque somos hijos del Creador del universo, que por Su Espíritu divino te ha dado la mente de Cristo. Somos hechura del Espíritu de Dios y creados en Cristo Jesús para buenas obras que harían deslumbrar nuestras mentes si las viéramos antes de que sucedan.

¿Y qué ha puesto Dios en tus manos? ¿Qué estás sosteniendo y leyendo ahora mismo? ¿Es esto un accidente? ¿Una coincidencia? ¡No! Tienes un estudio devocional que primero y ante todo, será el comienzo de una nueva y profunda manera de entender a Dios y todo lo que Él es para ti. Dios te hablará, ya que a través de este libro llegarás a estar frente a frente con la Palabra de Dios — la Palabra que no solamente discierne los pensamientos y las intenciones de tu corazón, sino que se convierte en el medio de dirigir Su luz hacia la dirección que está tomando tu vida, de tal forma que puedas saber con toda confianza hacia dónde te diriges.

Si escuchas lo que Él dice — y con esto queremos decir, si ordenas tu vida en la forma debida — entonces hay, en cierto sentido, un nuevo comienzo de entendimiento, de propósito. Se logra un nuevo grado de semejanza a Cristo. Será como Pablo diría, proseguir y alcanzar aquello para lo cual Cristo te alcanzó. Lo cual nos lleva al siguiente punto — una ruta de ministerio. Lo que has aprendido, Dios propone que lo compartas. Tenemos una visión y tú, eres parte de ella. La comisión de nuestro Señor en Mateo 28, fue que hiciéramos discípulos a todos los hombres — que les enseñáramos a observar todo lo que Él nos ha ordenado. Hechos 1 nos dice que cuando somos salvos y recibimos al Espíritu Santo nos volvemos Sus testigos — sin embargo, la pregunta frecuentemente es, "¿cómo?"

Aquí está el cómo. Este libro *Señor, Quiero Conocerte* contiene verdades que todo ser humano debe conocer y aplicar a su vida. Estos son preceptos para la vida; por medio de ellos aumentaremos el entendimiento y sucederá como dice el salmista, "aborrezco todo camino de mentira" (Salmo 119:104). Lo aborrecemos porque es falso en lugar de verdad y sólo la verdad nos separa y nos hace libres.

Entonces, ¿cuál es nuestra visión para ti? Es que vayas al Señor en oración y le pidas a Él que te dirija por lo menos hacia otra persona — preferiblemente a diez — y que tú, a solas con ellas, estudien juntos este libro. Puede que no seas un maestro, pero que eso no te limite, porque puedes ser un moderador en el grupo. Al final de cada capítulo, encontrarás preguntas que puedes usar para iniciar una conversación entre aquellos a quienes el Señor haya reunido en respuesta a tu oración. Estas personas son aquellas que serán parte de tu corona de gozo en la presencia de nuestro Señor Jesucristo. Mientras los observas cómo aprenden y cómo crecen en el conocimiento de Dios y de Su Palabra, experimentarás el humilde gozo de haber sido utilizado para el servicio de Dios. De saber que lo que has realizado tiene un valor eterno. Que tu vida y los dones que Dios te ha dado, no han sido desperdiciados. Que tu labor continuará a través de ellos — que la gracia de Dios que se derramó en ti no fue en vano, porque te has esforzado en la fuerza de Su gracia.

Así que, según dirijas al grupo a usar este libro, debes estar atento a animarles a tomar lo que han aprendido y compartirlo con otros como tú lo hiciste con ellos. ¡Piensa en la multiplicación que sucederá! ¿Te das cuenta que esta es la manera en que podemos llegar a nuestros vecindarios, nuestras comunidades, nuestra nación y mucho más allá? Reflexiona en la transformación que se llevará a cabo entre todas esas personas que actualmente están interesadas en "lo espiritual" pero que no entrarían a una iglesia. ¡Piensa y medita en lo que sucedería!

El momento es ahora. El tiempo es corto. Detente ahora mismo y pide a Dios en oración, cómo puede usarte. Él te lo mostrará porque es Dios y porque dichas oraciones están en conformidad a Su voluntad. Según actúes en fe y comiences, ten presente que al dar ese paso de fe, Dios te dará una ruta de ministerio, persona tras persona, o grupo tras grupo, que no sólo te dejará perplejo, sino que deleitará tu alma.

No podemos esperar a escuchar lo que Dios hará contigo y a través de ti.

El Equipo de Ministerios
Precepto Internacional

capítulo 1

LOS NOMBRES DEL SEÑOR

— *PRIMER DÍA*—

El sonido amortiguado y distante rompió el silencioso ensueño de su caminata a través de la pradera. El fuerte ladrido de un perro casi lo irritó. Era ofensivo en ese ambiente tan apacible. Mientras el ladrido crecía en intensidad, sus ojos exploraban la pradera buscando al culpable.

Repentinamente, una pequeña cierva cruzó la orilla del bosque — ahora entendió todo. Apoyándose contra un poste del cerco, el hombre miró con compasión mientras la cierva cruzaba la expansión a través de la pradera. Ella corría en dirección a él. Él se mantuvo inmóvil no queriendo añadir a la angustia del animal, el terror al hombre. Mientras saltaba el cerco, la asustada cierva, tambaleó. La cacería había llegado a su fin. Con su piel húmeda brillando bajo el sol, la cierva se detuvo, dio unos cuantos pasos y luego, con las orejas bien en alto, miró hacia atrás en dirección al sonido del ladrido... el perro también había cruzado el bosque.

Con los ojos bien abiertos por el miedo, confusa y exhausta, la cierva observó rápidamente a su alrededor descubriendo al hombre que estaba de pie al lado del cerco. Volvió a dirigir su mirada por un instante al perro que corría tras ella, luego viendo la expansión del campo abierto frente a ella, débilmente giró y caminó hacia el hombre. Se acercó a él sin temor y puso su cabeza en el regazo de aquel extraño. La compasión brotó de su corazón inundando sus ojos... había encontrado un protector.

¿A dónde corres en tiempos de necesidad? Cuándo los sabuesos de los problemas, preocupaciones y temores te persiguen; cuándo los perros de la tentación, corrupción o maldad te acosan, cuándo ya no tienes energía, cuándo la debilidad te agota y sientes que ya no puedes correr más, ¿hacia dónde te vuelves?

¿Te vuelves a tu protector, Aquel que está con los brazos abiertos esperando que vengas y te refugies en la seguridad de todo lo que Él es?

"El nombre del Señor es torre fuerte, a ella corre el justo y está a salvo" (Proverbios 18:10).

Durante los próximos cuarenta y dos días estudiaremos los nombres del Señor, para que sepas a dónde correr en busca de ayuda en el tiempo de necesidad. El Padre anhela que conozcas más quién es Él: "...Confíe en el nombre del Señor y apóyese en su Dios" (Isaías 50:10). Recuerda la oración de Jesús a nuestro favor, justo antes de ir al Calvario: "que Te conozcan a Ti, el único Dios verdadero, y a Jesucristo, a quien has enviado" (Juan 17:3). Esa fue la meta en la vida del apóstol Pablo: "y conocerlo a Él" (Filipenses 3:10). ¡Cuánto oramos que esta sea también la meta de tu vida!

Si alguien te pidiera describir a Dios, ¿qué le dirías? En el siguiente espacio, escribe las palabras que vengan a tu mente cuando piensas en Dios.

— *SEGUNDO DÍA* —

Algunos confían en carros y otros en caballos, pero nosotros en el nombre del Señor nuestro Dios confiaremos. (Salmo 20:7).

Cuándo tienes problemas ¿a dónde corres por ayuda? ¿Cuál es tu primera reacción? ¿Corres a otros o a Dios? ¿Buscas generalmente el consejo de otra persona en lugar de esperar en Dios por medio de la oración? ¿A qué se debe esto? ¿Por qué corremos al hombre antes que a Dios?

En los días del Antiguo Testamento, los carros y caballos eran los medios de protección y escape. Hoy, nuestros "carros y caballos" vienen con etiquetas, formas y aspectos diferentes. Aún así continúan siendo medios visibles de ayuda, escape o protección. Sin embargo, ¿son estos, en realidad una fuente de seguridad? ¡No! "Se prepara al caballo para el día de la batalla, pero la victoria es del SEÑOR" (Proverbios 21:31).

¿Cuál es el problema? ¿Por qué no corremos a los brazos de nuestro Dios Todosuficiente? Creemos que se debe a que la mayoría de nosotros no conocemos realmente a nuestro Dios. ¿Por qué muchos colapsan en el día de dificultad y cuando son probados? ¿Por qué están inmovilizados? ¿Por qué no toman una postura agresiva ante el temor? Porque los cristianos en su gran mayoría, no pueden gloriarse en el nombre de su Dios.

¿A qué nos referimos cuando decimos, gloriarse en el nombre de nuestro Dios? En el idioma hebreo, la frase gloriarse significa tener confianza en y creer en. [1] Por lo tanto, gloriarse en el nombre de Dios significa tener confianza en Su nombre. En los tiempos bíblicos, el nombre representaba el carácter de una persona. El nombre de Dios representa Su carácter, Sus atributos, Su naturaleza. Conocer Su nombre es conocerle a Él. ¡Gloriarse en Su nombre es tener confianza en quién Él es!

En la Biblia encontramos los diferentes nombres de Dios. ¡Estás a punto de empezar un emocionante estudio sobre estos nombres!

En el día del problema o necesidad, debemos correr a nuestro Dios, poniendo nuestra confianza en Él. Es por eso que Él dice: "Invoca Mi nombre en el día de la angustia; yo te libraré, y tú Me honrarás" (Salmo 50:15).

¿Está tu corazón atribulado? ¿Se está ocultando el temor en las sombras de tu conciencia? ¿Te sientes inseguro por cualquier cosa? Si la respuesta a cualquiera de estas preguntas es sí, escribe tus temores, inseguridades y problemas por separado. Luego pide a Dios que te muestre uno de Sus nombres que satisfaga tu necesidad. Cuando Él te lo muestre, dile que te gloriarás en ese nombre.

---

1   Las referencias a las notas de pie de página que aparecen en cada capítulo, pueden encontrarse al final del libro en la página 209 en la sección "Notas"

— *TERCER DÍA*—

Comencemos con un día de meditación en el Salmo 20. Al mirar este salmo, considera lo que hemos estado hablando durante los últimos dos días. Al final del salmo, encontrarás una tarea breve. Te animo a participar de lleno en este estudio. No sólo leas este libro, haz las tareas. Escribe tus respuestas. Esto ayudará a cultivar las semillas de la verdad sembradas en la lectura. La cosecha puede ser abundante ¡y tú crecerás!

- SALMO 20

1 Que el Señor te responda en el día de la angustia;

   Que el nombre del Dios de Jacob te ponga en alto.

2 Que desde el santuario te envíe ayuda

   Y desde Sion te sostenga.

3 Que se acuerde de todas tus ofrendas,

   Y halle aceptable tu holocausto.

4 Que te conceda el deseo de tu corazón,

   Y cumpla todos tus anhelos.

5 Nosotros cantaremos con gozo por tu victoria,

   Y en el nombre de nuestro Dios alzaremos bandera.

   Que el Señor cumpla todas tus peticiones.

6 Ahora sé que el Señor salva a Su ungido;

   Le responderá desde Su santo cielo

   Con la potencia salvadora de Su diestra.

7   Algunos confían en carros y otros en caballos,

Pero nosotros en el nombre del Señor nuestro Dios confiaremos.

8   Ellos se doblegaron y cayeron,

Pero nosotros nos hemos levantado y nos mantenemos en pie.

9   ¡Salva, oh SEÑOR!

Que el Rey nos responda el día que clamemos..

1. Lee todo este salmo y dibuja una nube ⌒⌒⌒⌒⌒ alrededor de cada palabra que esté relacionada con problemas, necesidades o ayuda.*

2. ¿Cuáles son las promesas del Señor en este salmo?

3. ¿Hay algunas condiciones que debes cumplir para que las promesas se realicen?

---

*   Ver página 199, en la sección Cómo Marcar Tu Biblia

4. De acuerdo a este salmo, ¿qué hace sentir a una persona segura a pesar de las circunstancias adversas?

5. ¿Sobre qué bases podemos alzar estandartes (pendones) de victoria?

6. ¿Qué te dice la respuesta de la pregunta 5 acerca del nombre de Dios?

7. ¿Por qué ellos están gloriándose en el nombre del Señor?

Expresa el deseo de tu corazón en una oración. Dile a tu Padre lo que necesitas. ¡Agradécele que Él quiera que lo conozcas con más profundidad!

VERSÍCULO PARA MEMORIZAR

El nombre del Señor es torre fuerte, a ella corre el justo
y está a salvo.

PROVERBIOS 18:10

PREGUNTAS PARA LA DISCUSIÓN EN GRUPOS PEQUEÑOS

1. Antes del estudio de estos tres primeros días, ¿cuál era la imagen que tenías acerca de Dios?

2. ¿Qué importancia tenía el nombre en los tiempos bíblicos?

3. ¿Por qué es importante que conozcamos el nombre de nuestro Dios?

4. En el Salmo 20, Dios habla acerca de los hombres que confían en carros y caballos y en aquellos que se glorían en el nombre del Señor. ¿Viste algún contraste entre estos dos tipos de personas? ¿Cuál es?

5. ¿Qué significa confiar en caballos y carros? ¿Cómo se aplica esto hoy?

6. ¿Puedes recordar algún tiempo en que confiaste en "carros y caballos"? ¿Cuál fue el resultado en tu vida?

7. ¿Puedes recordar algún tiempo en el que te gloriaste en el nombre de Dios? ¿Cuál fue el resultado?

DIOS
EL CREADOR

— *CUARTO DÍA* —

Uno de los nombres de Dios en el Antiguo Testamento es *Elohim**. Este nombre designa a Dios como Dios. Deuteronomio 10:17 dice: Porque el SEÑOR su Dios [Elohim] es Dios de dioses... *El* significa "poderoso" o "fuerte" y es usado para referirse a dioses, incluyendo al Dios Todopoderoso. *Elohim* es la palabra hebrea original traducida como "Dios" en el Antiguo Testamento. (En ocasiones *Jehová* se traduce "Dios" en lugar de "SEÑOR"). La terminación *him* de *Elohim* es muy significativa. En el idioma hebreo es una terminación plural, indicando más de uno. *Elohim* es el nombre de Dios como Creador. Es usado en Génesis 1:1 y se tradujo: En el principio, creó Dios los cielos y la tierra.

Por estar la palabra hebrea en plural, ¿significa que hay más de un Dios? ¡No! "El SEÑOR es nuestro Dios, el SEÑOR uno es." (Deuteronomio 6:4). Dios Padre, Dios Hijo y Dios Espíritu Santo — la bendita Trinidad — crearon los cielos y la tierra. A pesar de ser tres personas, son uno en esencia y carácter.

Al leer varios pasajes, puedes ver referencias a las diferentes personas de la Trinidad participando en la obra de la creación. En Génesis 1:2-3 leemos: "y el Espíritu de Dios se movía sobre la superficie de las aguas. Entonces dijo Dios: Sea la luz. Y hubo luz." "Por la fe entendemos que el universo fue preparado por la palabra de Dios..." (Hebreos 11:3). Dios habló y el Espíritu se movió. Luego Colosenses 1:16 nos habla de Jesucristo, el Hijo de Dios, "Porque en El fueron creadas todas las cosas, tanto en los cielos como en la tierra..." Por lo tanto, vemos que cada persona de la Trinidad tuvo parte en la creación.

---

*   Elohim significa "Dios".

Aún en la creación del hombre vemos a la Trinidad obrando. En Génesis 1:26 leemos: "Y dijo Dios [Elohim]: "Hagamos al hombre a Nuestra imagen." ¡El término *hagamos* se refiere a más de uno!

Pero, ¿qué significado práctico tiene este nombre para nosotros? ¿Cómo puede servirnos el nombre *Elohim* como una torre fuerte?

Si Dios es el Creador de todas las cosas, ¿quién nos ha dado vida? ¡Elohim, por supuesto! ¿Y por qué fuimos creados? ¡Para Él! Tú eres una creación única de Dios, creado para Su gloria: "Porque Tú formaste mis entrañas; Me hiciste en el seno de mi madre. Te daré gracias, porque asombrosa y maravillosamente he sido hecho;…" (Salmo 139:13-14). ¿Has pensado alguna vez que has sido creado formidable y maravillosamente? ¿O te miras a ti mismo y desprecias lo que Elohim creó?

Hay una amiga del ministerio que probablemente mide no más de un metro y diez centímetros de altura. Su cabeza tiene un tamaño normal pero su cuerpo es enano. Para nosotros, ella es encantadora. Sin embargo, Julie pasa sus días en un aparato especial muy parecido a un andador de bebés; para poder empujarlo a cualquier parte, tiene que empujarlo con sus piernas. Julie es radiante, encantadora para cualquiera que la conozca. Ella conoce a su Elohim y se da cuenta que Él la ha creado de esa forma por un propósito. Por favor, no nos digas que Dios no tuvo nada que ver con su condición física, de ser eso cierto, tendríamos que negar Su soberanía, Su Palabra y Su nombre.

¿Recuerdas el pasaje: "Entonces Moisés dijo al Señor: "Por favor, Señor, nunca he sido hombre elocuente. Ni ayer ni en tiempos pasados, ni aun después de que has hablado a Tu siervo; porque soy tardo en el habla y torpe de lengua" (Éxodo 4:10)?

¿Cuál fue la respuesta del Señor? "¿Quién ha hecho la boca del hombre? ¿O quién hace al hombre mudo o sordo, con vista o ciego? ¿No soy Yo, el Señor?" (Éxodo 4:11).

Pero, ¿por qué Dios crearía personas diferentes a Su diseño general de creación? ¿Por qué permitiría que un esperma penetre un óvulo cuando esto produciría lo que parece ser un desastre genético?

Recuerda que cuando los discípulos vieron a un hombre ciego de nacimiento, "Y Sus discípulos Le preguntaron: "Rabí (Maestro), ¿quién pecó, éste o sus padres, para que naciera ciego?" (Juan 9:2) ¿Cómo respondió Jesús? "Jesús respondió: "Ni éste pecó, ni sus padres; sino que está ciego para que las obras de Dios se manifiesten en él" (Juan 9:3).

Si no te sientes feliz contigo mismo, con tus hijos o un ser querido, corre hacia la torre fuerte del nombre de tu Elohim (Proverbios 18:10). Tal vez no entiendas cómo tu situación podría traer gloria a Él, pero puedes confiar en el nombre de tu Señor. "¿Quién hay entre ustedes que tema al Señor, que oiga la voz de Su siervo, que ande en tinieblas y no tenga luz? confíe en el nombre del Señor y apóyese en su Dios" (Isaías 50:10).

"Daré gracias al Señor conforme a Su justicia, y cantaré alabanzas al nombre del Señor, el Altísimo" (Salmo 7:17). "Porque el Señor su Dios es Dios de dioses y Señor de señores, Dios grande, poderoso y temible…" (Deuteronomio 10:17). Escribe una oración de adoración a tu Creador. Canta alabanzas a tu Dios y Padre como Elohim.

"Porque de El, por El y para El son todas las cosas. A El sea la gloria para siempre. Amén" (Romanos 11:36).

— *QUINTO DÍA* —

La letra de una canción dice: "¿Por qué nací? ¿Por qué estoy viviendo?" Son más que palabras de una canción, ¿verdad? Son el lamento de todo ser humano que busca la razón de su existencia.

¿Por qué naciste? ¿Por qué Elohim te creó? ¿Por qué formó tus entrañas y te hizo en el vientre de tu madre? (Salmo 139:13). Encuentra las respuestas a esas preguntas y conocerás el propósito para tu vida.

En Isaías 43 leemos: "Mas ahora, así dice el SEÑOR tu Creador, oh Jacob, y el que te formó, oh Israel... Porque Yo soy el Señor tu Dios [Elohim]... Ya que eres precioso a Mis ojos... a todo el que es llamado por Mi nombre y a quien he creado para Mi gloria, a quien he formado y a quien he hecho" (Isaías 43:1, 3-4, 7).

De acuerdo a Isaías 43, Elohim, quien hizo al hombre (varón y hembra, Génesis 1:27) a su imagen, creado para su gloria.

Un día estudiábamos lo que la Palabra de Dios dice sobre la relación entre esposo-esposa y decidimos puesto que "la mujer es gloria del varón" (1Corintios 11:7) que buscaríamos el significado de la palabra *gloria*. En el idioma hebreo significa "dar la correcta opinión o valor acerca de alguien". Descubrimos de esta forma, que la mujer, debe tratar a su esposo de tal manera que dé una buena opinión de él y lo valore como hombre.

¿Puedes ver lo asombroso que es saber que has sido creado para la gloria de Dios? ¿Qué has de vivir de tal manera que de a toda la creación una correcta opinión y valor de quien Dios es? ¿Qué significa esto para ti, oh hijo de Dios, que eres llamado por Su nombre? Piensa acerca de esto. ¿Cómo te comportarías si vivieras para Su gloria? Toma unos momentos para meditar sobre esta verdad y luego escribe a continuación las cosas que Dios traiga a tu mente.

Veamos otro pasaje que te dice por qué has nacido. "Digno eres, Señor y Dios nuestro, de recibir la gloria y el honor y el poder, porque Tú creaste todas las cosas, y por Tu voluntad existen y fueron creadas." (Apocalipsis 4:11). De acuerdo a este pasaje, tú fuiste creado por o para Su voluntad. La *Versión Reina Valera Gómez* usa la palabra "placer". En esencia, es lo mismo. Vivo para Su voluntad, lo que es Su placer y si lo que hago le agrada es porque estoy haciendo Su voluntad.

Su nombre es Elohim, el Dios Todopoderoso, tu Creador. Has visto dos pasajes que han contestado a las preguntas: "¿Por qué nací? "¿Para qué estoy viviendo?" Fuiste creado para Su gloria, para Su placer. Tu vida debe ser vivida de tal manera que Él se refleje en ti, mostrando al mundo el carácter de Dios __ Su amor, paz, misericordia, bondad. Debes vivir por Él, para llevar a cabo Su voluntad. Perder este propósito es perder tu realización. Es haber existido en lugar de haber vivido.

Preséntate delante de tu Dios y evalúa el curso de tu vida. ¿Qué necesitas hacer? ¿Lo harás? Responde estas preguntas honestamente en la presencia de tu Elohim.

¿Estás cumpliendo el propósito de tu creación? ¿Qué te está impidiendo el ser o hacer aquello para lo que fuiste creado?

¿Qué debes cambiar? Escribe una oración de compromiso.

VERSÍCULO PARA MEMORIZAR

Digno eres, Señor y Dios nuestro, de recibir la gloria y el honor y el poder, porque Tú creaste todas las cosas, y por Tu voluntad existen y fueron creadas.

APOCALIPSIS 4:11

PREGUNTAS PARA LA DISCUSIÓN EN GRUPOS PEQUEÑOS

1. *Elohim* identifica a Dios como el Creador. Según tu estudio, ¿por qué crees que es importante conocerlo como Creador?

2. ¿Qué creó Dios?

3. ¿Cómo nos muestra Elohim como Dios (El Creador), a la bendita Trinidad?

4. ¿Qué papel ha desempeñado Dios en tu vida?

5. ¿Cuál es tu responsabilidad hacia Él como Creador? ¿Estás cumpliendo esta responsabilidad?

6. ¿Cómo te han ayudado las observaciones de Dios como Elohim a aclarar tus pensamientos referente a los niños que nacen con síndrome de Down, o a quienes les falta un miembro de su cuerpo etc.?

7. ¿Qué está sucediendo actualmente en tu vida o circunstancias que ahora al conocer a Dios como tu Elohim, son más fáciles de sobrellevar?

3

EL DIOS
ALTÍSIMO

— SEXTO DÍA —

Dios no sólo es nuestro Elohim, Él también es nuestro El *Elyon*, el Altísimo. *El Elyon* es el nombre que designa a Dios como el Soberano y Gobernador de todo el universo. Fue El Elyon: "Y bendito sea el Dios Altísimo que entregó a tus enemigos en tu mano" los de Abraham en su mano (Génesis 14:20). El Dios Altísimo fue y es el Redentor de Israel (Salmo 78:35). Y es el Dios Altísimo quien gobierna hoy sobre los asuntos de los hombres. "...Porque Su dominio es un dominio eterno, y Su reino permanece de generación en generación. Todos los habitantes de la tierra son considerados como nada, mas El actúa conforme a Su voluntad en el ejército del cielo y entre los habitantes de la tierra. Nadie puede detener Su mano, ni decirle: '¿Qué has hecho?'" (Daniel 4:34-35). "Pero al fin de los días, yo, Nabucodonosor, alcé mis ojos al cielo, y recobré mi razón, y bendije al Altísimo y alabé y glorifiqué al que vive para siempre...." (Daniel 4:34).

Si "el nombre del Dios de Jacob" puede defenderte y si confías que Él "que desde el santuario te envíe ayuda y desde Sion te sostenga" (Salmo 20:1-2), entonces debes conocerlo como El Elyon, el Altísimo. Porque si Dios no es soberano, ni tiene el control, ni todas las cosas están bajo Su dominio, entonces Él no es el Altísimo y tú y yo estamos en manos del destino (sea lo que sea), en las manos del hombre o del diablo.

A continuación, hay algunos pasajes que muestran la soberanía de El Elyon.

Lee cada pasaje cuidadosamente, luego en el siguiente espacio, escribe un análisis de cómo ese pasaje en particular muestra la soberanía de Dios, o sobre lo que Él tiene supremacía. Medita cuidadosamente en cada uno.

- DANIEL 4:34-35
  "Pero al fin de los días, yo, Nabucodonosor, alcé mis ojos al cielo, y recobré mi razón, y bendije al Altísimo y alabé y glorifiqué al que vive para siempre. Porque Su dominio es un dominio eterno, y Su reino permanece de generación en generación. "Todos los habitantes de la tierra son considerados como nada, mas El actúa conforme a Su voluntad en el ejército del cielo y entre los habitantes de la tierra. Nadie puede detener Su mano, ni decirle: '¿Qué has hecho?'

- ISAÍAS 14:24, 27
  El Señor de los ejércitos ha jurado: "Ciertamente, tal como lo había pensado, así ha sucedido; tal como lo había planeado, así se cumplirá... Si el Señor de los ejércitos lo ha determinado, ¿quién puede frustrarlo? Y en cuanto a Su mano extendida, ¿quién podrá apartarla?"

- ISAÍAS 46:9-11
  Acuérdense de las cosas anteriores ya pasadas, Porque Yo soy Dios, y no hay otro; Yo soy Dios, y no hay ninguno como Yo, que declaro el fin desde el principio y desde la antigüedad lo que no ha sido hecho. Yo digo: 'Mi propósito será establecido, y todo lo que quiero realizaré.' Yo llamo del oriente un ave de rapiña, y de tierra lejana al hombre de Mi propósito. En verdad he hablado, y ciertamente haré que suceda; Lo he planeado, así lo haré.

- DANIEL 2:20-23
  y dijo: "Sea el nombre de Dios bendito por los siglos de los siglos, porque la sabiduría y el poder son de El. El es quien cambia los tiempos y las edades; quita reyes y pone reyes. Da sabiduría a los sabios, y conocimiento a los entendidos. El es quien revela lo profundo y lo escondido. Conoce lo que está en tinieblas, y la luz mora con El. A ti, Dios de mis padres, yo doy gracias y alabo, porque me has dado sabiduría y poder, y ahora me has revelado lo que Te habíamos pedido, pues nos has dado a conocer el asunto del rey."

Continuaremos mañana. Pero primero tomemos un momento para ver lo que has aprendido hoy que puedas aplicar en tu vida; ¿qué diferencia causa en ti el darte cuenta que Dios es soberano, que Él es el gobernador de todo y que nada puede suceder sin el permiso ni la aprobación final de Dios? Escribe tus pensamientos.

— SÉPTIMO DÍA —

Hoy queremos continuar viendo los pasajes que tratan específicamente con varios aspectos de la soberanía de El Elyon. Recuerda escribir después de cada pasaje, tu análisis de cómo cada uno muestra la soberanía de Dios, o escribe una declaración que muestre sobre qué gobierna Él.

- ISAÍAS 5:5-7
  Ahora pues, dejen que les diga lo que Yo he de hacer a Mi viña: "Quitaré su vallado y será consumida; derribaré su muro y será pisoteada. Y haré que quede desolada. No será podada ni labrada, y crecerán zarzas y espinos. También mandaré a las nubes que no derramen lluvia sobre ella." Ciertamente, la viña del Señor de los ejércitos es la casa de Israel, y los hombres de Judá Su plantío delicioso. El esperaba equidad, pero hubo derramamiento de sangre; Justicia, pero hubo clamor.

Asegúrate de notar quién es la viña.

- DEUTERONOMIO 32:39
  Vean ahora que Yo, Yo soy el Señor, Y fuera de Mí no hay dios. Yo hago morir y hago vivir. Yo hiero y Yo sano, y no hay quien pueda librar de Mi mano.

- 1 SAMUEL 1:5-6
  Pero a Ana le daba una doble porción, pues él amaba a Ana, aunque el Señor no le había dado hijos. Su rival, Penina, la provocaba amargamente para irritarla, porque el Señor no le había dado hijos.

- 1 SAMUEL 2:6-10
El Señor da muerte y da vida; Hace bajar al Seol (región de los muertos) y hace subir. El Señor empobrece y enriquece; Humilla y también exalta. Levanta del polvo al pobre, del muladar levanta al necesitado para hacerlos sentar con los príncipes, y heredar un sitio de honor; pues las columnas de la tierra son del Señor, y sobre ellas ha colocado el mundo. El guarda los pies de Sus santos, pero los malvados son acallados en tinieblas, pues no por la fuerza ha de prevalecer el hombre. Los que se oponen al Señor serán quebrantados, El tronará desde los cielos contra ellos. El Señor juzgará los confines de la tierra, dará fortaleza a Su rey, y ensalzará el poder de Su ungido.

- ISAÍAS 45:6-7
Para que se sepa que desde el nacimiento del sol hasta donde se pone, no hay ninguno fuera de Mí. Yo soy el Señor, y no hay otro. Yo soy el que forma la luz y crea las tinieblas, el que causa bienestar y crea calamidades, Yo, el Señor, es el que hace todo esto.

- JUAN 19:10-11
  Pilato entonces Le dijo: "¿A mí no me hablas? ¿No sabes que tengo autoridad para soltarte, y que tengo autoridad para crucificarte?" Jesús respondió: "Ninguna autoridad tendrías sobre Mí si no se te hubiera dado de arriba; por eso el que Me entregó a ti tiene mayor pecado."

¿Qué has aprendido hoy acerca de la soberanía de Dios que puedas aplicar a tu vida? Contesta esa pregunta cuidadosamente, escribe tus observaciones a continuación.

— OCTAVO DÍA —

¿Dónde está Satanás en relación con El Elyon, el Altísimo? ¿Es Dios soberano aún sobre éste quien dijo: "Subiré al cielo, por encima de las estrellas de Dios levantaré mi trono, y me sentaré en el monte de la asamblea,

En el extremo norte. Subiré sobre las alturas de las nubes, me haré semejante al Altísimo" (Isaías 14:13-14)?

Veamos el libro de Job para ver la relación de Satanás con la soberanía de Dios.

• JOB 1:6-12
Un día, cuando los hijos de Dios vinieron a presentarse delante del SEÑOR, Satanás vino también entre ellos. Y el SEÑOR preguntó a Satanás: "¿De dónde vienes?" Entonces Satanás respondió al SEÑOR: "De recorrer la tierra y de andar por ella." Y el SEÑOR dijo a Satanás: "¿Te has fijado en Mi siervo Job? Porque no hay ninguno como él sobre la tierra; es un hombre intachable y recto, temeroso de Dios y apartado del mal." Satanás respondió al SEÑOR: "¿Acaso teme Job a Dios de balde? ¿No has hecho Tú una valla alrededor de él, de su casa y de todo lo que tiene, por todos lados? Has bendecido el trabajo de sus manos y sus posesiones han aumentado en la tierra. Pero extiende ahora Tu mano y toca todo lo que tiene, y verás si no Te maldice en Tu misma cara." Entonces el Señor dijo a Satanás: "Todo lo que él tiene está en tu poder; pero no extiendas tu mano sobre él." Y Satanás salió de la presencia del SEÑOR.

1. ¿Quién provocó la conversación acerca de Job?

2. ¿Qué pensaba Satanás sobre las razones de Job para temer a Dios?

3. ¿CómopiensasqueSatanássupoquehabíauncercoalrededordeJob?

4. ¿Aparentemente qué hacía ese cerco?

5. ¿Qué sugirió Satanás que Dios hiciera a Job y por qué?

6. ¿Cuál fue la respuesta de Dios?

7. ¿Quién estaba en control, Satanás o Dios? ¿Cómo lo sabes?

Ahora, considera el siguiente pasaje.

- JOB 2:1-10
  Y sucedió que el día cuando los hijos de Dios vinieron a presentarse delante del Señor, vino también Satanás entre ellos para presentarse delante del Señor. Y el Señor preguntó a Satanás: "¿De dónde vienes?" Entonces Satanás respondió al Señor: "De recorrer la tierra y de andar por ella." Y el Señor dijo a Satanás: "¿Te has fijado en Mi siervo Job? Porque no hay otro como él sobre la tierra; es un hombre intachable, recto, temeroso de Dios y apartado del mal. El todavía

conserva su integridad a pesar de que tú me incitaste contra él para que lo arruinara sin causa." Satanás respondió al SEÑOR: "¡Piel por piel! Sí, todo lo que el hombre tiene dará por su vida. Sin embargo, extiende ahora Tu mano y toca su hueso y su carne, verás si no Te maldice en Tu misma cara." Y el SEÑOR dijo a Satanás: "El está en tu mano; pero respeta su vida." Entonces Satanás salió de la presencia del SEÑOR, e hirió a Job con llagas malignas desde la planta del pie hasta la coronilla. Y Job tomó un pedazo de teja para rascarse mientras estaba sentado entre las cenizas. Entonces su mujer le dijo: "¿Aún conservas tu integridad? Maldice a Dios y muérete." Pero él le dijo: "Hablas como habla cualquier mujer necia. ¿Aceptaremos el bien de Dios pero no aceptaremos el mal?" En todo esto Job no pecó con sus labios.

1. ¿Qué indicó Dios a Satanás acerca de Job?

2. ¿Qué explicación da Satanás a la respuesta de Job a la prueba del capítulo 1?

3. ¿Qué propuso Satanás para Job? ¿Por qué?

4. ¿Cuál fue la respuesta de Dios?

5. ¿Quién estaba en control?

Ahora un último versículo (Simón es el apóstol Pedro).

• LUCAS 22:31
Simón, Simón, mira que Satanás los ha reclamado a ustedes para zarandearlos como a trigo.

1. ¿Qué tuvo que hacer Satanás antes de poder zarandear a Simón, según Lucas 22:31?

2. Resume en varias frases lo que aprendiste hoy.

— *NOVENO DÍA* —

La verdad de la soberanía de Dios, hace más fácil obedecer aquellos mandamientos en el Nuevo Testamento que nos ordenan a regocijarnos en todas las circunstancias de la vida. Dios nos dice: "sino sean llenos del Espíritu... den siempre gracias por todo, en el nombre de nuestro Señor Jesucristo, a Dios, el Padre" (Efesios 5:18, 20).

¿Acaso, no es más fácil dar gracias cuando te das cuenta que tu Padre, El Elyon, el Dios Altísimo está en control y que nada puede suceder en Su universo sin Su permiso? Aún cuando seamos acusados o calumniados injustamente por otros, podemos dar gracias. Aunque se nos haya dado libre albedrío, Dios gobierna e impide que cualquier persona, ángel, demonio o circunstancia de la vida pueda frustrar Su plan.

El Elyon gobierna supremamente sobre todo. Y porque Él lo hace, puedes entender "Y sabemos que para los que aman a Dios, todas las cosas cooperan para bien, esto es, para los que son llamados conforme a Su propósito" (Romanos 8:28). "Den gracias en todo, porque ésta es la voluntad de Dios para ustedes en Cristo Jesús" (1 Tesalonicenses 5:18).

¿Recuerdas cómo los hermanos de José conspiraron su desaparición? Debido a la envidia de sus hermanos, José fue vendido para ser un esclavo en Egipto. Allí, en la casa de Potifar, fue acusado falsamente y puesto en prisión por dos años. El tiempo suficiente para hacer que cualquier hombre desarrollara amargura hacia Dios. José había hecho lo que estaba correcto, había sido fiel a su Dios y sufrió a causa de esto. Parecía la víctima de los caprichos y las conspiraciones de los hombres. Sin embargo, durante todo este tiempo José no deshonró a Dios.

Él sabía que el Altísimo permanecía entre las sombras gobernando sobre todo, viendo y esperando. Lo entendiera o no, José sabía que Dios tenía un propósito en todo esto. ¿Cómo podemos decir eso? Por lo que José dijo a sus hermanos cuando se encontraron frente a él, como el gobernador sobre toda la tierra de Egipto. (Génesis 42:6.) "Ahora pues, no se entristezcan ni les pese el haberme vendido aquí. Pues para preservar vidas me envió Dios delante de ustedes... Dios me envió delante de ustedes para preservarles un remanente en la tierra, y para guardarlos con vida mediante una gran liberación. Ahora pues, no fueron ustedes los que me enviaron aquí, sino Dios. El me ha puesto por padre de Faraón y señor de toda su casa y gobernador sobre toda la tierra de Egipto... Ustedes pensaron hacerme mal, pero Dios lo cambió en bien para que sucediera como vemos hoy, y se preservara la vida de mucha gente" (Génesis 45:5, 7-8; 50:20).

La próxima vez que comiences a quejarte o murmurar, corre hacia tu El Elyon, confía en Su nombre y dale gracias.

VERSÍCULO PARA MEMORIZAR

Clamaré al Dios Altísimo, al Dios que todo lo hace para mí.

SALMO 57:2

PREGUNTAS PARA LA DISCUSIÓN EN GRUPOS PEQUEÑOS

1. ¿Cómo le explicarías el significado de *El Elyon* a otra persona?

2. ¿Cómo explicarías la soberanía de Dios?

3. El Elyon es el Dios Altísimo. Si realmente pudieras entender qué significa esto, ¿cómo cambiaría tu forma de pensar acerca de:
   a. Tu gobierno?
   b. Tu situación económica?
   c. Tu matrimonio?
   d. Tus hijos?
   e. Tus padres?
   f. Satanás?

4. ¿Cómo te ayuda el nombre El Elyon a entender mejor el mandato: "Den gracias en todo, porque ésta es la voluntad de Dios para ustedes en Cristo Jesús" (1 Tesalonicenses 5:18)?

5. Según el estudio acerca de El Elyon, ¿cuán limitado está Satanás? ¿Quién establece los límites?

6. Si Dios es soberano, ¿por qué permite que Satanás se salga con la suya en ciertas circunstancias? Piénsalo cuidadosamente a lo largo de tu estudio acerca de Job.

7. ¿Cómo se manifestó la soberanía de Dios en la vida de José?

8. ¿Cómo ves la obra de El Elyon en tu vida?

EL DIOS
QUE VE

— DÉCIMO DÍA —

Abandonada! ¡Cómo un trapo sucio e inservible! Utilizada para el placer de otros y luego maltratada. Era demasiado. No podía soportarlo más. Se sentía como una persona desechada. Ella era Agar, la que llevó en su vientre al hijo de Abram, el esposo de Sarai.

¿Alguna vez te has sentido abandonado, desechado? ¿Complaciste a alguien y luego te desechó? ¿Huiste? ¿O fuiste injustamente abandonado?

¿Te preguntas si de alguna forma fallaste o si fuiste inadecuado? Tal vez si te hubieras comportado de otra manera, tal vez si te hubieras esforzado más, tal vez si sólo... y así siguen las especulaciones.

La gente dice que la culpa no fue tuya; que tú no fuiste el único que se equivocó. Pero estén en lo cierto o no, tu sientes el rechazo en lo profundo de tu ser y junto con el rechazo, viene ese sentimiento de ser inadecuado.

Te preguntas, ¿dónde está Dios? ¿Dónde está ese Dios soberano que promete que todas las cosas ayudan a bien? ¿Sabe Él lo que está sucediendo? ¿Lo ve?

Sí, Él es *El Roí**, el Dios que ve. El Dios omnipresente está ahí y Sus ojos no están cerrados. El no está desapercibido, ni alejado de todas las circunstancias. Él ve.

Detente y lee Génesis 16, luego responde a las siguientes preguntas.

---

*   Se pronuncia "Roí", con acento en la "í". Significa "Dios que me ve" (Génesis 16:13).

1. Haz una lista de lo que aprendes acerca de Agar en este capítulo.

2. ¿De quién fue la idea que Abram y Agar tuvieran relaciones? ¿Por qué?

3. ¿Piensas que Agar tenía mucho de donde escoger en esta decisión? ¿Por que? ¿Cuál es tu explicación al respecto?

4. ¿Qué provocó este incidente en Sarai y qué hizo al respecto?

5. ¿Fue Agar totalmente inocente en todo esto? ¿Por qué?

6. ¿De alguna manera te identificas con Agar o su situación? ¿Cómo?

7. ¿Cuáles fueron las instrucciones de Dios para Agar?

8. ¿Qué aprendió Agar respecto a Dios?

9. A la luz de lo que sabes acerca de Dios, ¿cómo crees que también te pueda ayudar el conocerlo como El Roí? Asegúrate de responder el "por qué", ya que es muy importante.

— *DÉCIMO PRIMER DÍA* —

¡Así que Dios ve!

Muchas veces, cuando somos maltratados o usados por alguien en quien hemos confiado o respetado, tenemos la tendencia a enterrar la situación. El recuerdo de esto, las emociones, los rechazos, todo parece ser demasiado para poder resistirlo, así que lo ponemos a "un lado". Creemos que así desaparecerá.

Pero nuestro banco de memoria, que se parece a una computadora, lo almacena. Luego algo sucede y el archivo se abre y lo podemos ver de nuevo en la pantalla de nuestra memoria. El dolor, la amargura, las recriminaciones son demasiadas — así que nuevamente, lo enterramos, ¡tal vez a un nivel mucho más profundo!

Hace un tiempo hicimos cinco programas de televisión acerca del incesto. Después, recibimos mucha correspondencia. Lloramos, sufrimos, estábamos horrorizados. ¿Cómo podían hacerse esas cosas a otros?

Muchos contaban su historia por primera vez. Aunque habían pasado años, para la mayoría no había habido sanidad. Lo habían ocultado. Para algunos, las memorias habían sido enterradas tan profundamente que se preguntaban si solo había sido un sueño. ¿Cómo podría algo tan desnaturalizado, tan horrible, ser real? Pero... ellos sabían que no estaban soñando.

¿Cómo podrían ellos volver a sentirse completos? ¿Cómo puede una persona que ha sido abusada, usada para el placer pervertido de otro, ser otra vez completa? Ya sea que el abuso fuera sexual, mental o físico, ¿habrá sanidad? Sí, la sanidad tiene que ser posible. De otro modo, un Dios soberano de amor hubiera ciertamente intervenido.

¿Dónde comienza la sanidad? Con el reconocimiento de El Roí, el Dios que ve. Él estaba atento, Él lo vio todo.

La primera vez que aparece Dios en la Palabra como El Roí, lo encontramos diciéndole a Agar que regrese y trate con la situación. Si has sido víctima de un incesto, debes enfrentarlo y tratar con lo sucedido tal como fue. Dios lo vio todo, no hay nada escondido para Él. "¿Adónde me iré de Tu Espíritu, o adónde huiré de Tu presencia? Si subo a los cielos, allí estás Tú; Si en el Seol preparo mi lecho, allí Tú estás. Si tomo las alas del alba, y si habito en lo más remoto del mar, aun allí me guiará Tu mano, y me tomará Tu diestra. Si digo: "Ciertamente las tinieblas me envolverán, y la luz a mi alrededor será noche;" Ni aun las tinieblas son oscuras para Ti, y la noche brilla como el día. Las tinieblas y la luz son iguales para Ti." (Salmo 139:7-12).

Dios lo vio. Él conoce el pecado que se ha cometido en contra tuya. Y algún día te vindicará. Hay perdón, pero para aquellos que rechazan al Cordero de Dios, que quita el pecado del mundo, también hay un día de juicio. Y será un juicio justo, porque Dios lo vio todo (2 Tesalonicenses 1:5-10).

Después que te hayas dado cuenta que Él ve, debes saber que en Su soberanía, Él lo permitió. Por lo tanto, aunque parezca horrible y destructivo, en los designios de Dios será usado para bien. Tienes que conocerle, creer en él y poner tu confianza en Él, porque Él no desampara a los que le buscan (Salmo 9:10).

¿Puedes empezar a ver el beneficio de conocer Su nombre, El Roí?

¿Qué, si tuvieras a un ser querido que te abandonó o que esté extraviado? Aunque tú no supieras dónde está o lo que le sucede, El Roí lo sabe.

Él ve. Tú no puedes verlo, pero Él sí. ¡Corre ahora hacia la torre fuerte de Su nombre y descansa!

En los próximos días aprenderás más acerca de Dios a través de Sus nombres. Estas verdades te consolarán, te sanarán, te darán esperanza y protección contra los feroces dardos del mentiroso acusador.

Mientras tanto, detente y piensa en las formas que serás beneficiado por conocer a Dios como El Roí. Haz una lista a continuación.

Ahora agradece a El Roí por el hecho que ¡Él es el Dios que ve!

VERSÍCULO PARA MEMORIZAR

En todo lugar están los ojos del Señor, observando a los malos y a los buenos.

PROVERBIOS 15:3

PREGUNTAS PARA LA DISCUSIÓN EN GRUPOS PEQUEÑOS

1. ¿Cuáles fueron las circunstancias que rodearon la revelación de Dios como El Roí?

2. ¿Qué sientes por lo que fue hecho a Agar? ¿Existe algún paralelo con algo que haya ocurrido en tu propia vida?

3. ¿En esa situación, te hubiera ayudado de alguna manera conocer a Dios como El Roí? ¿Cómo?

4. ¿Qué piensas sobre cómo tratar los casos de abuso en las formas descritas por el autor?

5. ¿En qué otras situaciones podría ayudar conocer a Dios como El Roí? Sé específico y práctico.

EL DIOS TODOSUFICIENTE

— *DÉCIMO SEGUNDO DÍA* —

Nos cuenta Kay: "Hasta los veintinueve años, deseaba estar en los brazos de un hombre. Quería seguridad y pensaba que la encontraría en un hombre que me atrajese, poder apoyar mi cabeza sobre su pecho y llegase a ser mi protector y sustentador para la vida. Este ideal era el epítome de mi vida. Era todo lo que yo quería".

Pero no lo encontré en mi primer esposo. El segundo día de nuestra luna de miel, mi esposo — mi capaz, talentoso, atlético esposo___ entró en depresión. En lugar de ser cariñoso y protector, Tom comenzó a decirme todas las cosas que no le gustaban de mí. Fue muy claro sobre lo que él quería que cambiara. Este fue sólo el principio de los cambios de humor. Algunos días eran maravillosos. En esos días me gustaba ocuparme de su casa, atender a sus amigos y ser su esposa. Pero cuando se deprimía, mi protector se iba y yo luchaba por sobrevivir. Decidí que no sería destruida.

Íbamos a la iglesia. Conocíamos el nombre de Dios, conocíamos el nombre de Su hijo, Jesús. Portábamos Su nombre; Cristianos, pero en realidad no lo conocíamos.

Creíamos conocerle. Nunca habíamos oído o visto nada que nos hiciera cuestionarnos si éramos cristianos. Pero no conocíamos a ningún cristiano verdadero, todos éramos iguales. Todos jugábamos a la iglesia.

Finalmente ya no pude soportar más la depresión. Estaba demasiado centrada en mí misma. Abandoné a Tom y me llevé a nuestros hijos Tom y Mark. Pero el anhelo de seguridad aún permanecía. Quería que me abrazaran y me amaran tal cual era; deseaba ser amada fuere bonita o fea, enferma o sana, de buen o mal humor. Quería ser amada sin importar cómo era, quería ser amada incondicionalmente.

Empecé mi búsqueda. Fui de un hombre a otro hombre. En el proceso, llegue a ser algo que nunca había querido, que nunca soñé ser. Me convertí en una adultera. Sin embargo, todo lo que deseaba era seguridad.

A los veintinueve años, mi búsqueda terminó de rodillas al lado de mi cama. Allí encontré a mi El *Shaddai*. ¿Has escuchado esa canción? El Shaddai, El Shaddai, El Elyon, El Adonai; te alabaremos y te exaltaremos".[1]

Cada vez que veas Dios Todopoderoso en el Antiguo Testamento, ves a tu El Shaddai. Cuando Abraham conoció a Dios como El Shaddai por primera vez, se postró sobre su rostro (Génesis 17:1-3).

Kay continúa narrando: "Una y otra vez he encontrado que Él es mi Dios Todosuficiente, mi protector, el que ama mi alma incondicionalmente. Me sostuvo cuando se suicidó mi primer esposo; como madre soltera cuando en ocasiones estaba agobiada por la soledad, la responsabilidad y la necesidad de ser apoyada. Me ha sostenido en tiempos de grandes necesidades económicas, tanto personalmente como en nuestro ministerio. Él me ha sostenido cuando la carga del liderazgo ha parecido abrumadora. Me ha sostenido cuando he caído, llorado por mis hijos y cuando salieron mis dudas acerca de ser una buena madre. Cuando he estado atemorizada por lo que Él me ha enviado a decir a otros. Me ha sustentado cuando no he tenido más fuerzas, cuando me preguntaba cómo seguir adelante. Me ha sostenido cuando me he sentido derrotada por todo lo que tenía que hacer.

Cuando he corrido a mi El Shaddai, nunca he quedado insatisfecha. Él es mi Todosuficiente". Querido amigo, ¿entiendes? ¿Lo has experimentado
como tu El Shaddai? Si no, Él te está esperando — con los brazos abiertos.

Veamos la ocasión cuando Dios se reveló a Sí mismo por primera vez como El Shaddai:

• GÉNESIS 17:1-8

Cuando Abram tenía noventa y nueve años, el Señor se le apareció, y le dijo: "Yo soy el Dios Todopoderoso; anda delante de Mí, y sé perfecto. Yo estableceré Mi pacto contigo, y te multiplicaré en gran manera." Entonces Abram se postró sobre su rostro y Dios habló con él: "En cuanto a Mí, ahora Mi pacto es contigo, y serás padre de multitud de naciones. Y no serás llamado más Abram; Sino que tu nombre será Abraham; porque Yo te haré padre de multitud de naciones. Te haré fecundo en gran manera, y de ti haré naciones, y de ti saldrán reyes. "Estableceré Mi pacto contigo y con tu descendencia después de ti, por todas sus generaciones, por pacto eterno, de ser Dios tuyo y de toda tu descendencia después de ti. Y te daré a ti, y a tu descendencia después de ti, la tierra de tus peregrinaciones, toda la tierra de Canaán como posesión perpetua. Y Yo seré su Dios."

Si alguien necesitaba conocer a Dios como El Shaddai éste era Abraham. Tenía noventa y nueve años y Sara ochenta y nueve y aún no tenían hijos. Sin embargo, Dios les había prometido un hijo propio. "Y sin debilitarse en la fe contempló su propio cuerpo, que ya estaba como muerto puesto que tenía como cien años, y también la esterilidad de la matriz de Sara" (Romanos 4:19). ¿Cómo podría Abraham dar gloria a Dios en una situación aparentemente sin esperanza? Fue porque él conocía a Dios como El Shaddai.

El (y sus derivados, *Elim, Elohim, Eloa*), es "uno de los términos más antiguos y ampliamente designados para Deidad, conocidos por la raza humana"[2]. Recuerda que El generalmente se usa para "fuerza" o "poder". Aún cuando no es usado para Dios, todavía se traduce "fuerza" o "poder".

La traducción de *Shaddai* no es tan clara en su significado. Los eruditos no están completamente seguros de su raíz. Algunos creen que esto habla de Dios en Su fuerza y poder como lo vemos en Sus juicios. Otros se inclinan hacia la definición que te hemos dado, El Todosuficiente.

La siguiente cita, algo extensa, pero de considerable valor es tomada de la obra *Los Nombres de Dios*, escrito por Andrew Jukes.

La idea que expresa "Shaddai" es diferente, aunque también describe poder, no el de la violencia, sino el de la generosidad. «Shaddai» principalmente significa «uno que tiene pecho» y el término proviene de la palabra hebrea «Shad», que quiere decir «el pecho» o, más exactamente, un «seno o pecho de mujer». Parkhurst explica así el nombre: «Shaddai, uno de los títulos divinos, significa *"el Vertedor o Derramador"* de bendiciones temporales y espirituales».

Si esto se ve, no necesitamos explicar mucho cómo «uno que tiene pecho» o «el Derramador» o «Vertedor» vino a significar «Todopoderoso». Las madres al menos lo entenderán. Consideremos los siguientes ejemplos. Un bebé está llorando inquieto. Nada puede calmarlo. Sí: el pecho puede. Un bebé languidece y muere de hambre. Su vida se escapa. No puede tomar el alimento adecuado: morirá. No: el pecho le dará vida y lo nutrirá. A causa de su pecho, la madre tiene infinito poder sobre el niño.

Este es «El Shaddai», «el Derramador» o «Vertedor», que se derrama a sí mismo por amor a sus criaturas, que les da su sangre de vida (cfr. Hch. 20:28), que derrama su Espíritu (Hch. 2:17,33), y que dice «Si alguien tiene sed, que venga a Mí y beba» (Jn. 7:37) o «Abre bien tu boca y la llenaré» (Sal. 81:10) y que, por su sacrificio, se da a él mismo y da su propia naturaleza a los que le reciben, para que su voluntad perfecta se cumpla en ellos. El bendito sacramento del cuerpo y la sangre de Cristo es el testigo perenne de que se da a nosotros. Podemos y debemos «comer su carne y beber su sangre», si Él ha de vivir y realizar su obra en nosotros. Por ello, sólo si comemos Su carne y bebemos Su sangre puede Él habitar en nosotros y nosotros en Él (Jn. 6:53-57), en virtud de lo cual puede ser el Todopoderoso en nosotros. Y, sin embargo, este darse suyo implica juicio: auto-juicio, si somos obedientes, pero juicio del Señor si no lo somos (1ª. Co. 11:31, 32).

Tal es la verdad que el nombre «El Shaddai» o «Todopoderoso» proclama en todas partes, pero donde ésta se ve con mayor claridad es en el relato de los hechos del Señor con Abram, que es donde primeramente se revela por este nombre.

Abram ya hacía tiempo que era el heredero de la promesa. El Señor le prometió que lo bendeciría y le daría una herencia y una descendencia tan numerosa como el polvo de la tierra. Pero Abram aún continuaba sin hijos. Sin embargo, movido por la promesa de Dios, usando su propia energía y de una concubina, trata de obtener lo que sólo le habría de venir por medio de la omnipotencia de Dios. Entonces llega la revelación de «El Shaddai». Dios se da a Abram y Abram se da perfectamente a Dios y por Dios se hace fructífero. Primeramente, el Señor dice: «Yo soy el Dios Todopoderoso». He aquí la revelación de la fuente de la cual Abram va a recibir todo. Después añade algo al nombre de Abram. Dios pone algo en Abram que lo cambia en el acto de Abram en Abraham. Lo que añade es la letra He, la primera letra de su propio nombre «Jehová» (un sonido parecido a un jadeo), dando así al elegido algo de su propia naturaleza. De esta manera, por la comunicación de Él mismo y de Su aliento o Espíritu, modela a Su criatura a Su gusto a fin de que sea un canal de bendición para muchos. Enseguida Abram se rinde y se conforma al «Dios Todopoderoso» en todo: primero, en el acto extremo de la circuncisión, que significa el juicio de sí mismo y su rendición, para testificar que su esperanza no radicaba en la carne ni en sus energías, sino en el bendito Dador de él mismo, sólo mediante el cual podemos producir el fruto que Le es acepto; en segundo lugar, Abram demuestra su incondicional rendición a Dios por medio de la entrega y el sacrificio de su muy amado hijo, por el que tanto tiempo había esperado, y de quien se había dicho: «En Isaac te será llamada descendencia». Y así, en la expresa renuncia de sí mismo y de su voluntad, el poder del «Todopoderoso» se introduce y el elegido en su debilidad es hecho fuerte y, por su renuncia a todo, puede ser lleno de la plenitud de su Dios.

Esta fue la lección que aprendió Abram de la revelación del nombre «El Shaddai». Esta es la lección que debemos aprender nosotros, si queremos conocer a Dios como «Todopoderoso», capaz de cumplir su propósito en nuestras vidas y de infructíferos Abram hacernos Abraham, es decir, padres de multitudes (Gn.17:5). [3]

Al ver a Dios como El Shaddai, puedes apreciar aun más las palabras de Pablo: "Y El me ha dicho: "Te basta Mi gracia, pues Mi poder se perfecciona en la debilidad." Por tanto, con muchísimo gusto me gloriaré más bien en mis debilidades, para que el poder de Cristo more en mí. Por eso me complazco en las debilidades, en insultos (maltratos), en privaciones, en persecuciones y en angustias por amor a Cristo, porque cuando soy débil, entonces soy fuerte" (2 Corintios 12:9-10).

Así como Dios habló a Abraham hace miles de años, también te habla a ti las mismas palabras hoy: "Yo soy el Dios Todopoderoso [El Shaddai]; anda delante de Mí, y sé perfecto" (Génesis 17:1).

VERSÍCULO PARA MEMORIZAR

Cuando Abram tenía noventa y nueve años, el Señor se le apareció, y le dijo: "Yo soy el Dios Todopoderoso; anda delante de Mí, y sé perfecto.

GÉNESIS 17:1

PREGUNTAS PARA LA DISCUSIÓN EN GRUPOS PEQUEÑOS

1. Algunos piensan que El Shaddai significa el Todosuficiente, ¿por qué?

2. ¿Qué significó para Abram esta revelación de Dios? ¿Cómo respondió a esta revelación?

3. ¿Cómo se aplica 2 Corintios 12:9-10 al nombre de Dios, El Shaddai?

4. ¿Cuáles son algunas cosas que has buscado para satisfacción? ¿Te han satisfecho?

5. ¿Se ha mostrado Dios a ti como El Shaddai? ¿Qué ha significado eso en tu vida?

capítulo 6

EL SEÑOR

Antes que puedas conocer realmente a Dios como El Shaddai, El Todosuficiente, creemos que debes postrarte ante Él como *Adonai*, tu Señor y Amo.

Kay nos cuenta: "el día que fui salva no hubiera podido conocer jamás el refugio de Sus brazos sin antes haberme arrodillado reconociendo Su derecho a gobernar sobre mí. Cuando vine a Él el 16 de julio de 1963, dije: "Señor, haz lo que quieras conmigo". Ese día tan importante, yo no sabía que Adonai era uno de Sus nombres, pero había llegado al punto de un compromiso total con la voluntad de Dios. Y cuando lo reconocí como mi Señor, encontré a El Shaddai".

¿Te das cuenta de cuántas personas se sienten decepcionadas con su cristianismo? Simplemente parece no satisfacerlos, por lo que se entregan a placeres temporales. Pero, ¿será que el cristianismo no los satisfizo, o que no han experimentado el verdadero cristianismo?

Mira a aquellos que dicen ser hijos de Dios. ¿A cuántos de ellos ves que su más grande anhelo y esperanza sea: "que en nada seré avergonzado, sino que con toda confianza, aun ahora, como siempre, Cristo será exaltado en mi cuerpo, ya sea por vida o por muerte"? (Filipenses 1:20) ¿Cuántos conoces que vivan una vida que diga: "Pues para mí, el vivir es Cristo y el morir es ganancia" (Filipenses 1:21)?

¿Por qué son tan pocos? Por favor, no pongas la etiqueta de fanáticos o santurrones a aquellos que tienen como misión el vivir diferente, porque son llamados a alguna clase de servicio de tiempo completo. El compromiso a la voluntad de Dios, ¡debe ser la norma para todos Sus hijos!

Tal vez te preguntes, ¿si esa es la norma, entonces en dónde deja eso a la mayoría de las personas de la iglesia? Es una buena pregunta. Estudia Su nombre, Adonai y los pasajes que se relacionen a Él como Señor y luego mira cómo responderías a esa pregunta.

Para empezar, lee lo que Jesús dijo en el Sermón del Monte: "¿Por qué ustedes Me llaman: 'Señor, Señor,' y no hacen lo que Yo digo?" (Lucas 6:46). "No todo el que Me dice: 'Señor, Señor,' entrará en el reino de los cielos, sino el que hace la voluntad de Mi Padre que está en los cielos. Muchos Me dirán en aquel día: 'Señor, Señor, ¿no profetizamos en Tu nombre, y en Tu nombre echamos fuera demonios, y en Tu nombre hicimos muchos milagros?' Entonces les declararé: 'Jamás los conocí; APÁRTENSE DE MÍ, LOS QUE PRACTICAN LA INIQUIDAD" (Mateo 7:21-23).

Pero, ¿es tan importante lo que haga, a pesar de reconocerle como Señor y le pida Su don gratuito de vida eterna? ¡Sí, es muy importante!

Señor es más que una palabra; indica una relación. El señorío de Dios significa Su total posesión de mí y mi absoluta sumisión ante Él como Señor y Amo. Veamos más adelante cómo este nombre de Dios, Adonai, es usado en las Escrituras. Luego, podrás decidir si puedes decir o no con honestidad: "Señor, Señor". Esto es la base de todo, ¿verdad?

Adonai, Señor, se usa por primera vez en Génesis 15:2.

Recuerda ahora que el nombre El Shaddai no fue usado hasta Génesis 17. Estudiamos el significado de *El Shaddai* antes de ver a *Adonai*, porque es más fácil llamarlo El Shaddai que Adonai. Sin embargo, nunca conocerás Su suficiencia sin conocerlo a Él como tu Señor, tu Amo. Solamente un siervo puede depender totalmente de su amo para satisfacer todas sus necesidades. Estamos seguros que Abraham entendió esta verdad, porque la esclavitud era algo común en su tiempo.

Abraham, habiendo ganado una gran victoria, dio el diezmo de todo lo que poseía a ese ilustre, misterioso y evasivo rey de Salem, Melquisedec. En ese tiempo, Melquisedec, el sacerdote del Dios Altísimo (El Elyon) dijo: "Bendito sea Abram del Dios Altísimo, creador del cielo y de la tierra; y bendito sea el Dios Altísimo que entregó a tus enemigos en tu mano" (Génesis 14:19-20).

Al haber obtenido la victoria sobre sus enemigos y habiendo entendido que El Elyon, El Dios soberano le dio la victoria, Abraham reconoce el señorío de Dios sobre él. Este es el primer caso registrado en la Biblia. En Génesis 14:22, Abraham se refirió a Dios como Señor (Jehová), el Dios Altísimo (El Elyon). Pero no fue hasta Génesis 15:2 que Abraham se dirige a Dios como su amo cuando dice: Oh Señor [Adonai] DIOS [Jehová]. La traducción literal hebrea para Dios en este versículo sería YHWH, Jehová y por lo tanto, podía traducirse como Señor en el texto. (Cada vez que aparece la palabra SEÑOR con letras mayúsculas en tu Biblia, es traducción de la palabra hebrea Jehová).

Uno de los siervos de Abraham fue Eliezer, un esclavo nacido en su propia casa. En los días de Abraham, un siervo o esclavo era mejor tratado que un sirviente que había sido empleado, ya que su amo le proveía todo. Esta era la responsabilidad del amo, proteger y cuidar a su esclavo de acuerdo a sus necesidades. El amo también proveía dirección en su vida diaria. Los esclavos de los hebreos eran considerados miembros de la casa y por lo tanto tenían el derecho a participar en la Pascua después de haber sido circuncidados (Éxodo 12:43-44). Aún a esclavos gentiles se les daba el rito de la circuncisión, para estar bajo la bendición del pacto de Abraham (Génesis 17:10-14).

Lee los siguientes pasajes y nota los beneficios o responsabilidades que son nuestras cuando Dios es nuestro amo. Escríbelas en el espacio bajo cada versículo. (Por ejemplo, mira el Salmo 89:50-51. El salmista le está pidiendo a su Señor recordar el oprobio que ha sufrido. O mira la siguiente referencia, Salmo 141:8-10 — debemos dirigir nuestros ojos hacia Dios, nuestro Señor).

- SALMO 89:50-51
  Recuerda, Señor, el oprobio de Tus siervos; cómo llevo dentro de mí el oprobio de muchos pueblos, con el cual Tus enemigos, oh Señor, han injuriado, con el cual han injuriado los pasos de Tu ungido.

- SALMO 141:8-10

  Porque mis ojos miran hacia Ti, oh Dios, Señor; en Ti me refugio, no me desampares. Guárdame de las garras de la trampa que me han tendido, y de los lazos de los que hacen iniquidad. Caigan los impíos en sus propias redes, mientras yo paso a salvo.

- SALMO 119:125

  Yo soy Tu siervo, dame entendimiento para que conozca Tus testimonios.

- JUECES 6:14-16

  Y el Señor lo miró, y le dijo: "Ve con esta tu fuerza, y libra a Israel de la mano de los Madianitas. ¿No te he enviado Yo?" "Ah Señor," le respondió Gedeón, "¿cómo libraré a Israel? Mi familia es la más pobre en Manasés, y yo el menor de la casa de mi padre." Pero el Señor le dijo: "Ciertamente Yo estaré contigo, y derrotarás a Madián como a un solo hombre."

Ahora lee los siguientes pasajes y anota bajo cada uno, sobre quién o qué Él es Adonai (Señor). También anota la respuesta que es dada a Él como Adonai, si se menciona. Cada pasaje se refiere a Dios como Adonai o Adón*.

- DEUTERONOMIO 9:26
  Oré al Señor, y dije: 'Oh Señor Dios, no destruyas a Tu pueblo, a Tu heredad, que Tú has redimido con Tu grandeza, que Tú has sacado de Egipto con mano fuerte.

- 1 REYES 2:26
  Entonces dijo el rey al sacerdote Abiatar: "Vete a Anatot, a tu campo, porque mereces morir; pero no te daré muerte en esta ocasión porque llevaste el arca del Señor Dios delante de mi padre David, y porque fuiste afligido con todas las cosas con que mi padre fue afligido".

- SALMO 2:4
  El que se sienta como Rey en los cielos se ríe, El Señor se burla de ellos.

---

* Adonai o Adón significa "mis señores" o "mi Señor". La última sílaba significa "mi(s)" o "mío(s)". En realidad, el Texto Masorético escribe "mis señores" con una "a" corta en la última sílaba y "mi Señor" (refiriéndose a Dios) con una "a" larga en la última sílaba. De modo que la última sílaba de "mi Señor", comúnmente traducido sencillamente como "Señor", tiene una ortografía irregular en el TM. Por otro lado, no sabemos si los hebreos pronunciaban "mi Señor" diferente de "mis señores" en los tiempos antiguo testamentarios.

- SALMO 8:1, 6-8
  ¡Oh Señor, Señor nuestro, cuán glorioso es Tu nombre en toda la tierra, que has desplegado Tu gloria sobre los cielos! Tú le haces señorear sobre las obras de Tus manos; todo lo has puesto bajo sus pies: Todas las ovejas y los bueyes, y también las bestias del campo, las aves de los cielos y los peces del mar, cuanto atraviesa las sendas de los mares.

- SALMO 37:12-13
  El impío trama contra el justo, y contra él rechina sus dientes. El Señor se ríe de él, porque ve que su día se acerca.

- SALMO 97:5
  Como cera se derritieron los montes ante la presencia del Señor, ante la presencia del Señor de toda la tierra.

- SALMO 114:7
  Tiembla, oh tierra, ante la presencia del Señor, ante la presencia del Dios de Jacob.

- SALMO 135:5
Porque yo sé que el Señor es grande, y que nuestro Señor está sobre todos los dioses.

- SALMO 136:3
Den gracias al Señor de señores, porque para siempre es Su misericordia.

Mantén en mente estas preguntas hoy: ¿puede una persona ser realmente salva y negar el señorío de Dios sobre su vida? ¿Puedes llamarlo "Señor", negarte a hacer las cosas que Él te dice que hagas y aún así ir al cielo? El aferrarte a la realidad de Su Señorío, podría hacer la diferencia en tu entendimiento del verdadero cristianismo.

Escribe tus pensamientos y dile al Padre tu deseo en relación a lo que aprendiste hoy.

— DÉCIMO CUARTO DÍA —

¿Por qué ustedes Me llaman: 'Señor, Señor,' y no hacen lo que Yo digo? (Lucas 6:46).

...Y si Yo soy señor, ¿dónde está Mi temor?" dice el Señor de los ejércitos a ustedes sacerdotes que desprecian Mi nombre (Malaquías 1:6).

Su nombre es Adonai, Señor, Amo. ¡A través de las edades, Sus siervos lo han sabido muy bien! Abram: "Y Abram creyó en el Señor, y El se lo reconoció por justicia" (Génesis 15:6). El Amo había satisfecho la necesidad de su siervo. Él le había dicho a Abram como sucedería. Eliezer no sería su heredero, sino que el heredero vendría del propio cuerpo de Abram (Génesis 15:2-6). La simiente de Abraham traería salvación a toda la tierra. "Ahora bien, las promesas fueron hechas a Abraham y a su descendencia. No dice: y a las descendencias, como refiriéndose a muchas, sino más bien a una: y a tu descendencia, es decir, Cristo" (Gálatas 3:16).

¿Notas la necesidad de postrarte ante Él y decirle "mi Señor"? Con la sumisión viene todo lo que necesitamos para la tarea que Él pone delante de nosotros. Sin importar lo que sea, como Adonai, Él provee lo que Sus siervos necesitan para realizar la voluntad de su Amo.

Pero como Adonai, Dios tiene el derecho de esperar obediencia. Cuando Dios llamó a Moisés para ir ante Faraón y le dijo que dejara salir a su pueblo, Moisés argumentó con Dios. Mira cuidadosamente cómo Moisés habla a Dios. (Al leer, recuerda que cuando la palabra *Señor* está en mayúsculas [SEÑOR] se traduce de la palabra hebrea *Jehová*. De otra manera, la Palabra *Señor es Adonai o Adón*).

- ÉXODO 4:10-14
  Entonces Moisés dijo al Señor: "Por favor, Señor, nunca he sido hombre elocuente. Ni ayer ni en tiempos pasados, ni aun después de que has hablado a Tu siervo; porque soy tardo en el habla y torpe de lengua." Y el Señor le dijo: "¿Quién ha hecho la boca del hombre? ¿O quién hace al hombre mudo o sordo, con vista o ciego? ¿No soy Yo, el Señor? Ahora pues, ve, y Yo estaré con tu boca, y te enseñaré lo que has de hablar." Pero Moisés dijo: "Te ruego, Señor, envía ahora el mensaje por medio de quien Tú quieras." Entonces se encendió la ira del Señor contra Moisés, y le dijo: "¿No está allí tu hermano Aarón, el Levita? Yo sé que él habla bien. Y además, ahora él sale a recibirte. Al verte, se alegrará en su corazón.

¿Por qué estaba Dios enojado? Porque Moisés estaba diciendo "Señor, Señor [Adonai]", pero no estaba creyendo ni sometiéndose a Él como Adonai.

Cuando Isaías vio a Dios en Su trono, lo vio como Adonai. "En el año de la muerte del rey Uzías vi yo al Señor sentado sobre un trono alto y sublime, y la orla de Su manto llenaba el templo" (Isaías 6:1). Una vez más él se refirió a Él como Adonai cuando en el versículo 8 oyó la voz del Señor diciendo: "¿A quién enviaré, y quién irá por nosotros?"

Aquí el Amo está buscando al siervo obediente que diga: "Señor, Señor" y haga Su voluntad. (Nota que la frase "quién irá por nosotros," implica un Dios Trino).

Sin embargo, en el mismo pasaje donde Isaías lo llama Adonai, el serafín lo declaró Jehová-tsebaot, el Señor de los ejércitos (versículo 3). Así Isaías lo reconoce como tal cuando confesó su pecado (versículo 5).

Nuestro Señor — nuestro Adonai — es Jehová, YHWH. Como Jehová, Él debe ser obedecido. Él es Dios, nosotros somos humanos. Él es el Creador, nosotros somos las criaturas, por lo tanto, deberíamos doblar nuestras rodillas ante Él.

Cuando Jeremías fue designado por Dios como profeta a las naciones (Jeremías 1:5), fue Jehová quien lo hizo. Sin embargo, cuando le respondió a Dios se dirigió a Dios diciendo: "¡Ah! Señor Jehová!" Jeremías dijo, literalmente, "Adonai Jehová". Si Dios es Dios, entonces debe ser Adonai — el Amo.

Si esta verdad es pertinente a Dios el Padre ¿no es pertinente también a Dios Hijo? Dios el Hijo debe también ser Jehová Adonai. Jesús preguntó una vez a los fariseos: "¿Cuál es la opinión de ustedes sobre el Cristo? ¿De quién es hijo?" "De David," le contestaron ellos. Jesús les dijo: "Entonces, ¿cómo es que David en el Espíritu Lo llama 'Señor', diciendo:'Dijo el Señor a mi Señor: "sientate a Mi diestra, hasta que ponga a Tus enemigos debajo de Tus pies"'? Pues si David Lo llama 'Señor', ¿cómo es El su hijo?" Y nadie Le pudo contestar ni una palabra, ni ninguno desde ese día se atrevió a hacer más preguntas a Jesús." (Mateo 22:42-46).

Jesús citó el Salmo 110:1 para mostrar que Él era el Hijo de Dios. Al citar Jesús el salmo, también estableció el hecho que Él era Adón. El versículo se lee en hebreo: "Dice el Señor a mi Señor" David estaba hablando proféticamente del Cristo, el Mesías. Recuerdas que en Isaías 6:8, Jehová dijo: "¿Quién irá por nosotros?" ¡Otra vez vemos una referencia a la Trinidad! Jesús es Dios: Yo y el Padre somos uno (Juan 10:30-33). Y como Dios, Él es Adón, Señor, Amo.

Para aquellos que tienen ojos para ver, esta es la enseñanza del Nuevo Testamento. Una y otra vez Jesús confrontó a Sus oyentes con Su deidad y por Su afirmación los judíos quisieron apedrearlo. "No Te apedreamos por ninguna obra buena, sino por blasfemia; y porque Tú, siendo hombre, te haces Dios" (Juan 10:33).

A muchos no les importa reconocer a Jesucristo como un buen hombre, o aún como profeta, pero no quieren reconocerlo como Dios. Si Él es Dios, entonces debe ser honrado como Dios[1]. Cada rodilla debe de doblarse y confesar a Jesucristo como Señor para la gloria del Padre (Filipenses 2:10-11).

La deidad de Jesucristo y Su derecho de ser adorado como Señor llama constantemente nuestra atención. Y debemos tomar una decisión.

En el Nuevo Testamento hay dos palabras que se traducen como *Señor*. Una es *kurios* y significa "supremo en autoridad, controlador". Esta es la palabra más comúnmente usada en referencia a Jesucristo. La otra es *despotes* que significa "gobernador absoluto".

Lee cuidadosamente los siguientes pasajes. Bajo cada uno de ellos, anota cómo estos versículos muestran a Jesucristo como Adonai. Nota también si alguna cosa es requerida de nosotros.

- LUCAS 14:25-27
  Grandes multitudes acompañaban a Jesús; y El, volviéndose, les dijo: "Si alguien viene a Mí, y no aborrece a su padre y madre, a su mujer e hijos, a sus hermanos y hermanas, y aun hasta su propia vida, no puede ser Mi discípulo. El que no carga su cruz y Me sigue, no puede ser Mi discípulo.

- MATEO 10:34-40
  "No piensen que vine a traer paz a la tierra; no vine a traer paz, sino espada. Porque vine a PONER AL HOMBRE CONTRA SU PADRE, A LA HIJA CONTRA SU MADRE, Y A LA NUERA CONTRA SU SUEGRA; Y LOS ENEMIGOS DEL HOMBRE SERÁN LOS DE SU MISMA CASA.

"El que ama al padre o a la madre más que a Mí, no es digno de Mí; y el que ama al hijo o a la hija más que a Mí, no es digno de Mí. Y el que no toma su cruz y sigue en pos de Mí, no es digno de Mí. El que ha hallado su vida, la perderá; y el que ha perdido su vida por Mi causa, la hallará. "El que los recibe a ustedes, Me recibe a Mí; y el que Me recibe a Mí, recibe al que Me envió..

- JUAN 13:13-16
  Ustedes Me llaman Maestro y Señor; y tienen razón, porque Lo soy. Pues si Yo, el Señor y el Maestro, les lavé los pies, ustedes también deben lavarse los pies unos a otros. Porque les he dado ejemplo, para que como Yo les he hecho, también ustedes lo hagan. En verdad les digo, que un siervo no es mayor que su señor, ni un enviado es mayor que el que lo envió.

- ROMANOS 10:8-10
  Pero, ¿qué dice? "Cerca de ti esta la palabra, en tu boca y en tu corazon," es decir, la palabra de fe que predicamos: que si confiesas con tu boca a Jesús por Señor, y crees en tu corazón que Dios Lo resucitó de entre los muertos, serás salvo. Porque con el corazón se cree para justicia, y con la boca se confiesa para salvación.

Ahora responde las siguientes preguntas a la luz de lo que has visto en los últimos dos días:

1. ¿Crees que Jesús es Dios?

2. Si Él es Dios, ¿es Adón, Adonai?

3. ¿Qué tipo de compromiso se requiere de tu parte para llamar a Jesús "Señor?"

Quisieramos repetir un pasaje que vimos ayer y observar más su contexto antes de terminar nuestro estudio de *Adonai*.

*   MATEO 7:21-27
    "No todo el que Me dice: 'Señor, Señor,' entrará en el reino de los cielos, sino el que hace la voluntad de Mi Padre que está en los cielos. Muchos Me dirán en aquel día: 'Señor, Señor, ¿no profetizamos en Tu nombre, y en Tu nombre echamos fuera demonios, y en Tu nombre hicimos muchos milagros?' Entonces les declararé: 'Jamás los conocí; apartense de Mi, los que practican la iniquidad.' "Por tanto, cualquiera que oye estas palabras Mías y las pone en práctica, será semejante a un hombre sabio que edificó su casa sobre la roca; y cayó la lluvia, vinieron los torrentes, soplaron los vientos y azotaron aquella casa; pero no se cayó, porque había sido fundada sobre la roca. Todo el que oye estas palabras Mías y no las pone en práctica, será semejante a un hombre insensato que edificó su casa sobre la arena; y cayó la lluvia, vinieron los torrentes, soplaron los vientos y azotaron aquella casa; y cayó, y grande fue su destrucción."

1. De acuerdo a este pasaje, ¿quiénes entrarán al reino de los cielos?

2. ¿Cómo es esto pertinente a Jesús, como Adonai?

3. ¿Puede una persona negar el señorío de Jesús sobre su vida y todavía así ir al cielo?

4. ¿Es Jesucristo tu Adonai?

5. ¿Eres una persona sabia o insensata? ¿Cómo lo sabes?

¿No saben ustedes que cuando se presentan como esclavos a alguien para obedecerle, son esclavos de aquél a quien obedecen, ya sea del pecado para muerte, o de la obediencia para justicia? Pero gracias a Dios, que aunque ustedes eran esclavos del pecado, se hicieron obedientes de corazón a aquella forma de doctrina a la que fueron entregados. (Romanos 6:16-17).

Escribe una oración de compromiso.

VERSÍCULO PARA MEMORIZAR

Oh alma mía, dijiste a Jehová: tú eres mi Señor *[Adonai]*; no hay para mí bien fuera de ti.

SALMO 16:2

PREGUNTAS PARA LA DISCUSIÓN EN GRUPOS PEQUEÑOS

1. Define el nombre Adonai, tal como tú lo entiendes.

2. ¿Qué significa el señorío de Dios sobre un hombre?

3. ¿Por qué es importante conocer a Dios como Adonai antes de llamarlo El Shaddai?

4. Según tu estudio de las Escrituras, explica cómo se aplica la relación amo-siervo en aquellos que conocen a Dios como Adonai.

5. ¿Cuál es la relación de Jesús con Adonai?

6. Para ti, ¿es Cristo Adonai?

7. A la luz de Jesucristo como Adonai, ¿cómo le explicarías a otro Mateo 7:21-22?

El Que Existe Por Sí Mismo

— *DÉCIMO QUINTO DÍA* —

De todos los nombres de Dios, Jehová es el nombre más frecuentemente usado en el Antiguo Testamento. La primera de las 6,823 veces que se usa es en Génesis 2:4, donde Jehová va acompañado con Elohim.

El nombre de Jehová se deriva de *havah* que significa "ser, llegar a ser". Por lo tanto, Jehová habla del ser o esencia de Dios. Nathan Stone dice: "Por lo tanto, cuando leemos el nombre JEHOVÁ o SEÑOR en mayúsculas en nuestra Biblia, pensamos en términos de ser, existencia y vida; por eso debemos pensar en Jehová como el ser que existe totalmente por Sí Mismo, el Único quien en Sí Mismo posee la esencia de la vida, la existencia permanente".

Entonces Moisés dijo a Dios: "Si voy a los Israelitas, y les digo: 'El Dios de sus padres me ha enviado a ustedes,' tal vez me digan: '¿Cuál es Su nombre?' ¿qué les responderé?" Y dijo Dios a Moisés: "YO SOY EL QUE SOY," y añadió: "Así dirás a los Israelitas: 'YO SOY me ha enviado a ustedes.'" Dijo además Dios a Moisés: "Así dirás a los Israelitas: 'El Señor, el Dios de sus padres, el Dios de Abraham, el Dios de Isaac y el Dios de Jacob, me ha enviado a ustedes.' Este es Mi nombre para siempre, y con él se hará memoria de Mí de generación en generación.
(Éxodo 3:13-15).

Jehová es el que existe por Sí Mismo __ YO SOY EL QUE SOY. Él es el eterno YO SOY, el Alfa y la Omega, el mismo ayer, hoy y para siempre. Toda la vida está contenida en Él. ¿Por qué la buscamos en otra parte? ¿Por qué no descansamos en Su inmutabilidad? Él nunca falla. ¿Empezaría a hacerlo contigo o conmigo? Él no puede. Él es Jehová, el que existe por Sí Mismo, el Dios que guarda Su Pacto.

Cuando Dios hizo esta declaración a Moisés, Su pueblo entendió por primera vez el significado de *Jehová*. Aunque *Jehová* fue usado al principio en Génesis 2:4; no fue hasta esta revelación a Moisés que ellos entendieron que este nombre estaba incluido en la promesa de Su pacto a Su pueblo. Éxodo 6:2-4 dice: "Yo soy el Señor. Yo me aparecí a Abraham, a Isaac y a Jacob como Dios Todopoderoso, pero por Mi nombre, Señor, no me di a conocer a ellos. También establecí Mi pacto con ellos, de darles la tierra de Canaán, la tierra donde peregrinaron"

Jehová cumplió el pacto que hizo con Abraham respecto a la tierra de Canaán. Por lo tanto, los israelitas regresaron a Canaán después de cuatrocientos años de esclavitud en Egipto (Génesis 15:13-21). Dios se reveló a Sí Mismo al pueblo de Su Pacto como el Dios inmutable, que se mantiene fiel a Su Palabra a través de muchas generaciones.

Cuando necesites estar seguro que Dios está ahí, que Él cumplirá Sus promesas sin cambiar __ aunque hayas titubeado en las promesas que le has hecho __ corre a tu Jehová. Confía en Su nombre porque Él no puede cambiar. Él es Jehová __ el mismo de ayer, hoy y siempre. (Hebreos 3:18).

"El Señor descendió en la nube y estuvo allí con él, mientras éste invocaba el nombre del Señor. Entonces pasó el Señor por delante de él y proclamó: "El Señor, el Señor, Dios compasivo y clemente, lento para la ira y abundante en misericordia y verdad (fidelidad); que guarda misericordia a millares, el que perdona la iniquidad, la transgresión y el pecado, y que no tendrá por inocente al culpable; que castiga la iniquidad de los padres sobre los hijos y sobre los hijos de los hijos hasta la tercera y cuarta generación" (Éxodo 34:5-7). ¡Este es tu Jehová!

Recuerda siempre que estos adjetivos son usados en relación con *Jehová*. Haz una lista de ellos a continuación. Cuando termines, escribe una oración de alabanza y adoración a tu Jehová.

¡Padre, como Moisés oró, así oramos nosotros! Muéstranos tu gloria! Así como descendiste en la nube, estuviste con Moisés y proclamaste Tu nombre, ¿no pasarás cerca de nosotros en toda Tu bondad proclamando Tu nombre? Señor, queremos conocerte... por nombre.

VERSÍCULO PARA MEMORIZAR

Y dijo Dios a Moisés: "YO SOY EL QUE SOY," y añadió: Así dirás a los Israelitas: 'YO SOY me ha enviado a ustedes.

ÉXODO 3:14

PREGUNTAS PARA LA DISCUSIÓN EN GRUPOS PEQUEÑOS

1. El nombre de Jehová es usado con más frecuencia en las Escrituras que ningún otro nombre de Dios. Exactamente, ¿qué significa *Jehová?*

2. ¿Cuál es la similitud del significado de *Jehová* y la respuesta de Dios a Moisés en Éxodo 3:13-15?

3. Generalmente, ¿cómo se traduce *Jehová* en el Antiguo Testamento?

4. Jehová es el Dios del pacto. Según tu estudio, ¿qué aprendiste acerca de Jehová, quien guarda Su pacto, que puedas aplicar a tu vida?

capítulo 8

EL SEÑOR PROVEERÁ

— DÉCIMO SEXTO DÍA —

Oh, Jehová, nuestro Dios que existe por Sí Mismo, Tú que posees la esencia de la vida, ¿quién soy yo para que te ocupes de mí? Si Tú eres el Todosuficiente, ¿para qué me necesitas, para qué me quieres? ¿Qué tengo yo para ofrecerte?

Él te necesita y te quiere porque Él es más que Jehová. Él es *Jehová-yireh, Jehová-tsidkenu, Jehová-nissí, Jehová-raá, Jehová-rafá, Jehová-shalom, Jehová-tsebaot, Jehová-shammá, Jehová-mekaddishkem*. ¿Y qué significan todos estos nombres? Cada uno de ellos, combinados con la palabra *Jehová*, nos muestran que la pura esencia de Su ser es la de amar, dar, ser más que un ser limitado.

Como el Dios que existe por Sí Mismo, Él desea satisfacer las necesidades de aquellos que creó a Su propia imagen. Por eso, Él llega a ser Jehová nuestro proveedor, nuestro pastor, el que nos santifica, etc. Él va mas allá de Sí Mismo porque es parte de Su carácter hacerlo. Mientras tú y yo tomamos de Su carácter más y más, nos extendemos más allá de nosotros mismos para manifestar a otros quién es Él para nosotros.

El primero de estos nombres compuestos que miraremos es *Jehová yireh*, "el Señor proveerá". Este nombre de Dios es muy importante en la vida de Abraham. Pero antes que estudiemos su importancia para Abraham, quiero que obtengas lo que puedas por tu propia cuenta. Por lo tanto, tu tarea para hoy es leer un pasaje de Génesis pidiéndole a Dios que te ayude a entender Su verdad y fortalecer tu fe.

Mientras lees Génesis 22:1-19, busca lo siguiente:

1. Subraya la frase *Jehová proveerá*. Esto es Su Jehová-yireh.

2. Nota o marca las referencias a las palabras *amor*, *obedecer* y *adorar* de alguna manera.

En Génesis 22, ves la primera mención de estas tres palabras en la Biblia. Dios ha escrito veintiún capítulos y hasta ahora estas palabras no han sido usadas. Cuando una palabra importante es mencionada por primera vez en la Palabra de Dios, los principios relacionados con esta palabra se extienden al resto de la Escritura. A esto se le llama el principio de la primera mención.

*   GÉNESIS 22:1-19

¹ Aconteció que después de estas cosas, Dios probó a Abraham, y le dijo: "¡Abraham!" Y él respondió: "Aquí estoy."

² Y Dios dijo: "Toma ahora a tu hijo, tu único, a quien amas, a Isaac, y ve a la tierra de Moriah, y ofrécelo allí en holocausto sobre uno de los montes que Yo te diré."

³ Abraham se levantó muy de mañana, aparejó su asno y tomó con él a dos de sus criados y a su hijo Isaac. También partió leña para el holocausto, y se levantó y fue al lugar que Dios le había dicho.

⁴ Al tercer día alzó Abraham los ojos y vio el lugar de lejos.

⁵ Entonces Abraham dijo a sus criados: "Quédense aquí con el asno. Yo y el muchacho iremos hasta allá, adoraremos y volveremos a ustedes."

⁶ Tomó Abraham la leña del holocausto y la puso sobre Isaac su hijo, y tomó en su mano el fuego y el cuchillo. Y los dos iban juntos.

⁷ Isaac habló a su padre Abraham: "Padre mío." Y él respondió: "Aquí estoy, hijo mío." "Aquí están el fuego y la leña," Isaac dijo, "pero ¿dónde está el cordero para el holocausto?"

⁸ Y Abraham respondió: "Dios proveerá para sí el cordero para el holocausto, hijo mío." Y los dos iban juntos.

⁹ Llegaron al lugar que Dios le había dicho y Abraham edificó allí el altar, arregló la leña, ató a su hijo Isaac y lo puso en el altar sobre la leña.

¹⁰ Entonces Abraham extendió su mano y tomó el cuchillo para sacrificar a su hijo.

¹¹ Pero el ángel del Señor lo llamó desde el cielo y dijo: "¡Abraham, Abraham!" Y él respondió: "Aquí estoy."

¹² Y el ángel dijo: "No extiendas tu mano contra el muchacho, ni le hagas nada. Porque ahora sé que temes (reverencias) a Dios, ya que no Me has rehusado tu hijo, tu único."

¹³ Entonces Abraham alzó los ojos y miró, y vio un carnero detrás de él trabado por los cuernos en un matorral. Abraham fue, tomó el carnero y lo ofreció en holocausto en lugar de su hijo.

¹⁴ Y Abraham llamó aquel lugar con el nombre de El Señor Proveerá, como se dice hasta hoy: "En el monte del Señor se proveerá."

¹⁵ El ángel del Señor llamó a Abraham por segunda vez desde el cielo,

¹⁶ y le dijo: "Por Mí mismo he jurado," declara el Señor, "que por cuanto has hecho esto y no me has rehusado tu hijo, tu único,

¹⁷ de cierto te bendeciré grandemente, y multiplicaré en gran manera tu descendencia como las estrellas del cielo y como la arena en la orilla del mar, y tu descendencia poseerá la puerta de sus enemigos.

¹⁸ En tu simiente serán bendecidas todas las naciones de la tierra, porque tú has obedecido Mi voz."

¹⁹ Entonces Abraham volvió a sus criados, y se levantaron y fueron juntos a Beerseba. Y habitó Abraham en Beerseba.

A la luz de lo que viste referente a Jehová-yireh y las referencias a las palabras *amor*, *obedecer* y *adorar*, ¿qué has aprendido? Escribe los eventos y las circunstancias que rodean el uso de cada palabra y cualquier otra observación importante del uso de la palabra o su momento en la historia. Piensa sobre el hecho de que casi al final de Génesis 22:1-19, ves la referencia a la palabra amor usada por primera vez en conexión con un padre y su único hijo.

Amor-amas: (Usada en relación con un padre y su único hijo).

Obedeció-obedeciste:

Adorar-adoremos:

Ahora lee nuevamente Génesis 22:1-19. Mira si del uso de estas tres palabras obtienes un cuadro de Jesucristo y Su obra redentora a tu favor. Una pista: Compara este uso de amor con Juan 3:16. Si no puedes terminar hoy, entonces seguiremos trabajando mañana sobre este tema.

Que nuestro Padre te dé ricas bendiciones a través de lo que veas.

— *DÉCIMO SÉPTIMO DÍA* —

Hoy lee Génesis 22:1-19 una vez más y luego contesta las siguientes preguntas: Recuerda que son en relación al estudio de ayer.

1. ¿Por qué iba Abraham a ofrecer a su hijo?

2. ¿En qué tierra haría el sacrificio?

3. ¿En qué lugar de esa tierra se haría el sacrificio?

4. ¿Por qué llamó Abraham a ese lugar "Jehová proveerá" (Jehová yireh)?

5. Registra cualquier nueva observación que puedas tener sobre las referencias de las palabras *amar, obedecer* y *adorar.*

6. ¿En qué orden aparecen estas tres palabras en Génesis 22:1-19? ¿Ves alguna razón posible para este orden? ¿Cuál es la relación entre las tres palabras?

7. ¿Por qué le dijo Dios a Abraham que ofreciera a Isaac?

8. ¿Qué ofreció Abraham a Dios en lugar de Isaac?

9. ¿Mereces morir por causa de tus pecados?

10. ¿Qué proveyó Dios en tu lugar?

11. ¿Qué era Jesús para Dios?

Piensa en todo esto. Habla con tu Padre al respecto y seguiremos mañana con nuestro estudio.

— *DÉCIMO OCTAVO DÍA* —

Cuando César Borgia se enfrentó cara a cara con la muerte, gritó: "Mientras viví, hice provisión para todo, menos para la muerte, ahora moriré y estoy desprovisto para morir".

"Desprovisto para morir". ¿Por qué? Porque César Borgia había fallado en proclamar el nombre del Señor. Él había rechazado creer y obedecer la Palabra de Dios: "Todo aquel que invoque el nombre del Señor sera salvo" (Romanos 10:13).

La gente puede proveer sin límites para todo lo que necesita mientras vive, pero no pueden proveer para la muerte. Para la muerte hay un solo proveedor, Jehová-yireh. Jehová, que en Sí Mismo posee la esencia de la vida, es el Único que puede hacer provisión a nosotros, pecadores, para vivir. Él lo hizo proveyéndonos al Cordero de Dios que quita el pecado del mundo. "Porque así como el Padre levanta a los muertos y les da vida, asimismo el Hijo también da vida a los que El quiere" (Juan 5:21).

Qué apropiado es todo esto, que la primera vez que vemos a Dios como nuestro Jehová-yireh, miramos a un padre ofreciendo a Su Único Hijo en el Monte Moriah. ¡Amor, adoración y obediencia llegan a ser tres en uno!

Además, que sea el Monte Moriah el lugar en que Abraham ofreció a su hijo Isaac, es también muy importante porque "Entonces Salomón comenzó a edificar la casa del Señor en Jerusalén en el Monte Moriah, donde el Señor se había aparecido a su padre David, en el lugar que David había preparado en la era de Ornán Jebuseo" (2 Crónicas 3:1).

Así que, en el Monte Moriah todo sacrificio por pecado, realizado en el templo, sería el eco de las palabras de Abraham "El Señor Proveerá, como se dice hasta hoy: "En el monte del Señor se proveerá" (Génesis 22:14). Cada cordero, carnero, sacrificio, señalaría al sacrificio definitivo.

Ya que es imposible que la sangre de los toros y los carneros quiten los pecados, Dios preparó un cuerpo para Su Hijo (Hebreos 10:4-5). Luego en el tiempo señalado en el día de la Pascua, Jehová tomó a ese Hijo, Su Hijo unigénito a quien amaba y lo llevó al Monte Calvario. Allí lo puso sobre la cruz. Esta vez no hubo ninguna voz del cielo que detuviera la mano de la muerte. No hubo ningún carnero para que ocupara Su lugar, puesto que ese Cordero era la provisión de Jehová-yireh por los pecados del mundo. ¡Lo que el hombre no podía proveer, lo hizo Jehová-yireh!

¿Has ido a Jehová-yireh para, por fe, obtener la provisión para tus pecados y muerte? ¿O serás el eco del grito de César Borgia: "Ahora debo morir y estoy desprovisto para ello"?

Debes morir. " así como está decretado que los hombres mueran una sola vez, y después de esto, el juicio." (Hebreos 9:27). "El que cree en el Hijo tiene vida eterna; pero el que no obedece al Hijo no verá la vida, sino que la ira de Dios permanece sobre él" (Juan 3:36).

¿Qué será esto? ¿Vida o muerte? ¿Qué provisión ha sido hecha para tus pecados? ¿Satisfará esto a Dios? Escribe tus respuestas a continuación.

— *DÉCIMO NOVENO DÍA* —

¿Fue la vida eterna lo único que proveyó Jehová? No, si piensas en la vida eterna en términos de vida después de la muerte. Aún tenemos que vivir esta vida y hay mucho más que necesitamos para poder ser ¡más que vencedores en ella!

La palabra para proveer, *Yireh*, en el Antiguo Testamento literalmente significa "ver". Pero, ¿cómo han llegado a la conclusión los eruditos del hebreo que se refiere a "proveer"? Puesto que Él es Dios, cuando Él ve, Él prevé. Nuestro Padre que todo lo sabe, está siempre presente, el Padre eterno, conoce el principio y el fin y en su omnisciencia Él prevé. Por lo tanto, cuando Abraham respondió en Génesis 22:8 "Dios se proveerá de cordero para el holocausto, hijo mío." Estaba diciendo literalmente: "Dios proveerá para sí el cordero". La palabra ver denota provisión, cuando "Abraham alzó los ojos y miró, y vio un carnero detrás de él trabado por los cuernos en un matorral;" (Génesis 22:13). Por la provisión de Dios, Abraham llamó a ese lugar: "Jehová proveerá" [Jehová-yireh], como se dice hasta hoy: "En el monte del Señor se proveerá". (Génesis 22:14). La frase "se proveerá" puede ser traducida literalmente "será visto."

No queremos que te pierdas esta preciosa verdad. Queremos que sepas todo lo que significa proclamar a tu Jehová-yireh, porque Él provee más que tu salvación. Jehová no sólo ha provisto tu necesidad de salvación y ha hecho provisión por medio de la muerte y resurrección de Su Hijo, sino que también ve tus necesidades diarias. Por eso Jesús dejó estas instrucciones:

"Y al orar, no usen ustedes repeticiones sin sentido, como los Gentiles, porque ellos se imaginan que serán oídos por su palabrería. Por tanto, no se hagan semejantes a ellos; porque su Padre sabe lo que ustedes necesitan antes que ustedes lo pidan." (Mateo 6:7-8).

Sí, nuestro Padre, Jehová-yireh, mira y sabe nuestras necesidades. Sin embargo, nos instruye a orar: "Danos hoy el pan nuestro de cada día" (Mateo 6:11).

¿Te sientes raro pidiéndole pan a Dios cuando puedes conseguirlo por ti mismo? ¿Sientes que es innecesario venir al soberano que gobierna el universo con tus aparentes trivialidades o necesidades personales? ¿Te preguntas como Dios puede preocuparse de ti?

Jehová-yireh nos está pidiendo que vengamos a Él. ¡Venimos a Aquel que ésta a favor de nosotros! "El que no negó ni a Su propio Hijo, sino que Lo entregó por todos nosotros, ¿cómo no nos dará también junto con El todas las cosas?" (Romanos 8:32). "En el monte del Señor se proveerá" (Génesis 22:14). En el Calvario, por medio de la muerte y resurrección de Jesucristo: "Y mi Dios proveerá a todas sus necesidades, conforme a sus riquezas en gloria en Cristo Jesús" (Filipenses 4:19).

Él es un Dios que está por ti, no contra ti. En cualquier prueba, puedes colocar tu Isaac sobre el altar. Puedes adorar a Jehová-yireh en obediencia y saber que todo lo que necesitas el Señor lo proveerá.

Cualquiera que sean tus circunstancias, ¿a dónde vas a ir por provisión?

"¡Ay de los que descienden a Egipto por ayuda! En los caballos buscan apoyo, y confían en los carros porque son muchos, y en los jinetes porque son muy fuertes, pero no miran al Santo de Israel, ni buscan al Señor" (Isaías 31:1).

VERSÍCULO PARA MEMORIZAR

Y mi Dios proveerá a todas sus necesidades, conforme a sus riquezas en gloria en Cristo Jesús.

FILIPENSES 4:19

PREGUNTAS PARA LA DISCUSIÓN EN GRUPOS PEQUEÑOS

1. ¿Por qué es importante que el nombre Jehová sea combinado con otras palabras que describen el carácter de Dios?

2. El nombre Jehová-yireh es traducido "El Señor proveerá". ¿Cómo se manifiesta esa virtud de Su naturaleza en el relato de Abraham e Isaac?

3. Al volver a pensar en el relato de Abraham e Isaac en el Monte Moriah, ¿en qué orden estaban las referencias a las tres palabras clave: *obedecer, amar y adorar*? ¿Por qué es significativo este orden?

4. ¿Por qué piensas que Dios le pidió a Abraham que matara en sacrificio a Isaac?

5. ¿Qué te ha pedido Dios hacer, que sea tan difícil para ti como debió haber sido el sacrificio de Isaac para Abraham? ¿Por qué crees que te lo pidió?

6. Brevemente, ¿cómo ha provisto Jehová-yireh para nuestra "muerte"? ¿Qué sacrificio hizo Él por nosotros?

7. ¿Cuál es el significado de la palabra *yireh* en el Antiguo Testamento?

8. ¿Qué tan hábil es Dios para proveer lo pertinente a tu vida?

9. Cuándo tienes cualquier necesidad, ¿qué puedes esperar de Jehová-yireh?

10. Recuerdas alguna vez en tu caminar con Jehová-yireh cuando satisfizo tu necesidad. Si estás en un grupo, ¿podrías compartirlo con ellos para animarlos?

capítulo 9

EL SEÑOR
QUE SANA

— VIGÉSIMO DÍA —

Nuestras heridas son grandes. Así como el pecado destruyó el cuerpo de Cristo en el Calvario, de la misma manera ha asolado a hombres, mujeres y niños a través de las edades. Multitudes vacías, derramadas como agua; nada parece estar en orden. "Soy derramado como agua, y todos mis huesos están descoyuntados; mi corazón es como cera; se derrite en medio de mis entrañas. Como un tiesto se ha secado mi vigor, y la lengua se me pega al paladar; me has puesto en el polvo de la muerte" (Salmo 22:14-15).

Hay muy pocos para consolarlos en su miseria. Parecen estar rodeados por enemigos. Los malignos los rodean, mirando fijamente con curiosidad su miseria. Ellos no tienen compasión; sólo buscan usarlos para su propio provecho, para repartir los despojos de sus vidas (Salmo 22:16-18).

¿Estamos siendo melodramáticos? ¿Estamos exagerando? Desearíamos que fuera así. Desearíamos que las cosas no fueran tan graves como las decimos, pero lo son más y más. Si describiéramos esto como realmente es, probablemente algunos de ustedes no seguirían leyendo... no queremos oír ni saber. La dura realidad de nuestro pecado es muy repugnante y también desagradable. Queremos cerrar nuestros ojos, tapar nuestros oídos y enterrar nuestras cabezas. La ignorancia es un sosiego.

Vivimos en nuestro propio mundo — inalterados, desinformados y sin problemas por las realidades que podrían demandar nuestra preocupación y atención como embajadores de la reconciliación de Dios. Es un deleite ser un embajador cuando disfrutas de la notoriedad y privilegios y todas las cosas bellas de la vida. Pero frente a las demandas de resolver asuntos y problemas, de confrontar lo desagradable e injusto, decimos: "Olvídate de que sea un embajador".

Queremos ser sanados, pero no queremos involucrarnos en la sanidad de otros. No queremos que nuestras manos se ensucien, sólo queremos enviar nuestro dinero desde lejos. Queremos escuchar lo necesario para motivar nuestra compasión, pero no lo suficiente para guardarlo en nuestra memoria.

Si vamos a ser los representantes de Dios en la tierra, manifestando al mundo Su carácter, ministrando en lugar de ser ministrados, debemos buscar a aquellos que necesitan un médico e involucrarnos activamente en sanar las heridas de Su pueblo. No hay duda al respecto, porque el nombre de nuestro Dios es Jehová-rafá, ¡el Dios que sana!

— VIGÉSIMO PRIMER DÍA —

"¿No hay bálsamo en Galaad? ¿No médico hay allí?" (Jeremías 8:22).

Sí, hay bálsamo en Galaad. Sí, hay un médico allí. Y Su nombre es Jehová-rafá, el Dios quien sana. Pero, ¿cuántos conocen Su nombre? ¿Lo que significa? ¿Qué es lo que sana? ¿Dolencias del cuerpo? ¿Enfermedades de la mente y el alma? ¿Heridas espirituales o del cuerpo? Estas son algunas de las preguntas que trataremos de responder mientras buscamos en las Escrituras para saber "lo que dijo el Señor".

Cuanto más viajaba Israel con Dios, más se familiarizaba con Su carácter y caminos. La revelación fue progresiva. Cuando vino la liberación de Egipto, entendieron por qué se le llamaba Jehová. Puesto que Jehová fue quien escuchó su clamor y recordó el pacto que había hecho con Abraham (Génesis 15:13-21; Éxodo 3:7-8; 16:2-4).

Por medio de esta liberación, el pueblo también lo vio como Jehová yireh. Una vez más a través del sacrificio, Dios proveyó lo que necesitaban. ¡Fue el Cordero de la Pascua quien compró su liberación de la esclavitud bajo el Faraón!

Aunque el pueblo fue liberado de Egipto (un cuadro del mundo), el pueblo de Dios aún continuaba con algunas prácticas de Egipto. El hedor de Egipto fue discernible e incuestionable cuando soplaron los vientos de la prueba. Israel llegó a conocer a Dios bajo otra perspectiva. El incidente ocurrió poco después de la maravillosa liberación de los egipcios que los perseguían en el Mar Rojo.

- ÉXODO 15:22-27
  Moisés hizo partir a Israel del Mar Rojo, y salieron hacia el desierto de Shur. Anduvieron tres días en el desierto y no encontraron agua. Cuando llegaron a Mara no pudieron beber las aguas de Mara porque eran amargas. Por tanto al lugar le pusieron el nombre de Mara (Amargura). El pueblo murmuró contra Moisés diciendo: "¿Qué beberemos?" Entonces Moisés clamó al SEÑOR, y el SEÑOR le mostró un árbol. El lo echó en las aguas, y las aguas se volvieron dulces. Y Dios les dio allí un estatuto y una ordenanza, y allí los puso a prueba. Y Dios les dijo: "Si escuchas atentamente la voz del SEÑOR tu Dios, y haces lo que es recto ante Sus ojos, y escuchas Sus mandamientos, y guardas todos Sus estatutos, no te enviaré ninguna de las enfermedades que envié sobre los Egipcios. Porque Yo, el SEÑOR, soy tu sanador." Entonces llegaron a Elim, donde había doce fuentes de agua y setenta palmeras, y acamparon allí junto a las aguas.

1. ¿Cuál fue la cura de Moisés para las aguas amargas de Mara?

2. ¿Cómo llegó el pueblo a Mara? ¿Fue por accidente? Lee Éxodo 13:21-22.

3. ¿Piensas que las aguas amargas de Mara fueron un accidente, resultado de un liderazgo deficiente o una sorpresa? ¿Por qué piensas esto?

4. Además de endulzar las aguas amargas por medio de un árbol, ¿qué otra cosa sucedió en Mara?

5. ¿Qué mantendría al pueblo saludable?

6. ¿Quién envió las enfermedades y a quiénes? ¿Por qué piensas que Él lo hizo?

7. ¿Quién haría las sanidades? ¿Cómo se compara lo que ves en este pasaje con Deuteronomio 32:39 e Isaías 45:6-7?

8. ¿Qué clase de enfermedad sana Jehová-rafá?

¿Tienes aguas amargas que deben ser endulzadas? Coméntalo con tu Padre.

— *VIGÉSIMO SEGUNDO DÍA* —

Jehová-rafá sana… pero, ¿qué sana? Hay algunos pasajes seleccionados sobre la sanidad que te ayudarán a contestar esta pregunta. Lee cada uno cuidadosamente buscando la revelación de Dios y luego escribe lo que aprendas acerca de la sanidad.

Antes que comiences, permíteme decir que los pasajes del Antiguo Testamento contendrán la palabra *rafá* "sanar". Desde luego, la palabra para sanar en el Nuevo Testamento será diferente, porque éste fue escrito en griego. También recuerda al ver los pasajes del Nuevo Testamento, que Jesús es Dios, uno con el Padre. "porque todo lo que hace el Padre, eso también hace el Hijo de igual manera" (Juan 5:19).

PASAJES ACERCA DE LA SANIDAD	LO QUE APRENDÍ ACERCA DE LA SANIDAD
• 2 REYES 20:1, 4-5 En aquellos días Ezequías cayó enfermo de muerte. Y vino a él el profeta Isaías, hijo de Amoz, y le dijo: Así dice el Señor: Pon tu casa en orden, porque morirás y no vivirás… Y antes que Isaías hubiera salido del patio central, vino a él la palabra del Señor, diciendo: "Vuelve y dile a Ezequías, príncipe de Mi pueblo: 'Así dice el Señor, Dios de tu padre David: "He escuchado tu oración y he visto tus lágrimas; entonces te sanaré. Al tercer día subirás a la casa del Señor.	

PASAJES ACERCA DE LA SANIDAD	LO QUE APRENDÍ ACERCA DE LA SANIDAD

- **2 CRÓNICAS 7:14**
  y se humilla Mi pueblo sobre el cual es invocado Mi nombre, y oran, buscan Mi rostro y se vuelven de sus malos caminos, entonces Yo oiré desde los cielos, perdonaré su pecado y sanaré su tierra.

- **ISAÍAS 19:22; 53:5**
  Y el Señor herirá a Egipto; herirá pero sanará. Y ellos volverán al Señor, y El les responderá y los sanará... Pero El fue herido por nuestras transgresiones, molido por nuestras iniquidades. El castigo, por nuestra paz, cayó sobre El, y por Sus heridas hemos sido sanados.

- **JEREMÍAS 30:15-17**
  ¿Por qué gritas a causa de tu quebranto? Tu dolor es incurable. Por lo grande de tu iniquidad y lo numeroso de tus pecados, te he hecho esto. Por tanto, todos los que te devoran serán devorados, y todos tus adversarios, todos ellos, irán al cautiverio. Todos los que te saquean serán saqueados, y a todos los que te despojan los daré al despojo. Porque Yo te devolveré la salud, y te sanaré de tus heridas,' declara el Señor, 'porque te han llamado la Desechada, diciendo: "Esta es Sion, nadie se preocupa por ella."'

PASAJES ACERCA DE LA SANIDAD	LO QUE APRENDÍ ACERCA DE LA SANIDAD

- SALMO 147:3
Sana a los quebrantados de corazón y venda sus heridas.

- SALMO 103:1-3
Bendice, alma mía, al SEÑOR, y bendiga todo mi ser Su santo nombre. Bendice, alma mía, al SEÑOR, y no olvides ninguno de Sus beneficios. El es el que perdona todas tus iniquidades, el que sana todas tus enfermedades;

- MATEO 8:16-17
Y al atardecer, Le trajeron muchos endemoniados; y expulsó a los espíritus con Su palabra, y sanó a todos los que estaban enfermos, para que se cumpliera lo que fue dicho por medio del profeta Isaías cuando dijo: "EL TOMO NUESTRAS FLAQUEZAS Y LLEVO NUESTRAS ENFERMEDADES."

- LUCAS 4:18
EL ESPIRITU DEL SEÑOR ESTA SOBRE MI, PORQUE ME HA UNGIDO PARA ANUNCIAR EL EVANGELIO A LOS POBRES. ME HA ENVIADO PARA PROCLAMAR LIBERTAD A LOS CAUTIVOS, Y LA RECUPERACION DE LA VISTA A LOS CIEGOS; PARA PONER EN LIBERTAD A LOS OPRIMIDOS;

PASAJES ACERCA DE LA SANIDAD	LO QUE APRENDÍ ACERCA DE LA SANIDAD

- **1 PEDRO 2:24-25**
El mismo llevó nuestros pecados en Su cuerpo sobre la cruz, a fin de que muramos al pecado y vivamos a la justicia, porque por Sus heridas fueron ustedes sanados. Pues ustedes andaban descarriados como ovejas, pero ahora han vuelto al Pastor y Guardián de sus almas. (Compáralo con Isaías 53:5-6).

Escribe una declaración resumida de lo que sana Jehová-rafá.

¿Estás herido? ¿Necesitas un médico? ¿Hay bálsamo en Galaad? ¿Le has pedido que te sane? "Sáname, oh Señor, y seré sanado; Sálvame y seré salvado, porque Tú eres mi alabanza." (Jeremías 17:14).

— *VIGÉSIMO TERCER DÍA* —

Kay nos cuenta "Nunca olvidaré el día que fui salva. La noche anterior había asistido a una fiesta. Lo único que recuerdo de esa noche es que un hombre, llamado Jim, me miró y dijo: "¿Por qué no dejas de decirle a Dios qué quieres y le dices que Jesucristo es todo lo que necesitas?" Sus palabras me irritaron.

"Jesucristo no es todo lo que necesito." Mi respuesta fue brusca. "Yo necesito un marido, yo necesito..." y enumeré mis necesidades una por una, enfatizando cada una de ellas, nombrándolas con mis dedos. A la quinta consideré que, con seguridad, ya había justificado mi respuesta, así que di media vuelta y regresé a casa.

Hacía algún tiempo me había dado cuenta que mi estilo de vida era inaceptable a Dios. Sabía que si estaba ante Él, lo escucharía decir con toda razón: "Aléjate de mí".

Mis pecados eran evidentes y no podía excusarlos. Por primera vez en mi vida vi mi pobreza de espíritu. Aunque lo había intentado, no podía dejar de pecar. En mi carne, no mora el bien y lo sabía (Romanos 7:18-20).

Había hecho decisión tras decisión de ser buena; de dejar de ser inmoral. Sin embargo, volvía a caer una y otra vez. Finalmente, llegué a la conclusión de que no había forma de ser libre. No era lo suficientemente fuerte espiritualmente para cambiar. Sabía que estaba enferma — enferma del alma. Como enfermera, participaba activamente en la curación de muchos cuerpos, pero no conocía de ningún doctor que pudiera sanar mi alma. ¿Y sanarme a mí misma? Bueno, eso era imposible, ya lo había intentado.

Después de mi divorcio, viví con una culpa que me consumía hasta que finalmente mi pecado se convirtió en una forma aceptable de vida. Después de todo, ¿cómo podían condenarme mis amigos? ¡Todos vivíamos de la misma manera!

Algunos días llegué a pensar, *si sólo pudiera nacer de nuevo... tener un nuevo comienzo en la vida...* Luego soñaba en lo que pudo haber sido si sólo... Yo no sabía que el término *"nacer de nuevo"* estaba en la Biblia. Aunque mi familia era muy religiosa, la Biblia no tenía una parte central en mi vida. Ignoraba, casi totalmente, lo que decía la Palabra de Dios. Para este tiempo había vivido veintinueve años y nadie me había preguntado nunca cuándo había sido salva. Nunca había escuchado una invitación de salvación ni me había dado cuenta que ser miembro de una iglesia o ser bueno, no nos hace cristianos.

¿Cielo e infierno? El infierno es lo que has hecho de tu vida aquí en la tierra. ¿El cielo? Bueno, si mis buenas obras superaban a mis malas obras, seguramente lo alcanzaría. ¡Al menos eso es lo que me habían dicho! Para ser honesta, nunca sentí que las personas buenas estuvieran en algún peligro. Nadie a mi alrededor sentía carga por los perdidos. Nunca había escuchado un sermón sobre la necesidad de testificar.

Cuando amanecí el 16 de julio de 1963, no pude encarar el hecho de ir a trabajar. Llamé al doctor para el que trabajaba y le dije que me sentía enferma y que lo vería el lunes. Colgué el teléfono y llevé a Tommy a pasar un día de campo. En mi ansiedad decidí hornear un pastel y luego llevar a los niños a acampar.

De pronto, en medio de la cocina, miré a Mark, mi hijo menor. ¡Estaba tan hambriento de amor! Él se agarró de mi delantal y yo le dije sollozando: "Mami tiene que estar sola por unos minutos". Al instante, subí corriendo las escaleras a mi dormitorio y me tiré al piso, al lado de mi cama y dije: "Oh Dios, no me importa lo que hagas conmigo, no me importa si nunca más veo a otro hombre, si me paralizas desde el cuello hasta los pies, lo que hagas con mis dos hijos. ¿Podrías darme paz?"

Ahí, al lado de mi cama encontré que hay un bálsamo en Galaad que sana el pecado del alma enferma. Hay un Gran Médico. Su nombre es Jehová-rafá. Pero me hubiera gustado primero conocerlo como el Señor Jesucristo, el Príncipe de Paz. Ese día, en mí dormitorio, Él aplicó la cruz a las aguas amargas de mi vida y fui sanada de las heridas mortales del pecado (Gálatas 3:13-14; 1 Pedro 2:24). Me volví a Jehová-rafá, regresé al Pastor y Guardián de mi alma (1 Pedro 2:25).

Hay un solo Médico que puede sanar las heridas de nuestras almas. ¿Por qué buscar sanidad en otra parte? ¿Por qué no confiar en el nombre de nuestro Señor y apoyarnos en Dios (Isaías 50:10)?

¿A dónde corres cuando necesitas sanarte? Jehová-rafá está ahí, esperándonos con Sus brazos abiertos, Sus brazos del Calvario.

— *VIGÉSIMO CUARTO DÍA* —

En Éxodo 15:26 vemos que la salud, la sanidad y la obediencia van juntas. Mientras lees, escucha atentamente al Espíritu de Dios: "Y Dios les dijo: Si escuchas atentamente la voz del Señor tu Dios, y haces lo que es recto ante Sus ojos, y escuchas Sus mandamientos, y guardas todos Sus estatutos, no te enviaré ninguna de las enfermedades que envié sobre los Egipcios. Porque Yo, el Señor, soy tu sanador". (Éxodo 15:26).

Nos guste o no, hay una relación directa entre el pecado y la enfermedad. No sólo la enfermedad del cuerpo, sino también la del espíritu y el alma. De acuerdo a Éxodo 15:26 y los pasajes que estudiaste hace dos días, Dios actúa tanto en herir como en sanar.

¿Notaste la declaración: "no te enviaré ninguna de las enfermedades que envié sobre los Egipcios?"

Imagino que en este momento te estás preguntando si estamos diciendo que todas las enfermedades son debido al pecado. Debemos contestarte de dos formas, así que escúchanos cuidadosamente.

Primero: Si el hombre no hubiera pecado, no habría enfermedades. De modo que en este sentido, toda enfermedad es debido al pecado. Sin embargo, no creemos que toda enfermedad física o emocional sea consecuencia del pecado personal. Creemos que algunas enfermedades tienen otras causas. Queremos compartir contigo algunos pasajes que pueden dar luz bíblicamente sobre este asunto. Aunque los pasajes no son exhaustivos, creemos que el ejercicio será de beneficio. Cuando terminemos, queremos discutir la forma cómo tratar con la enfermedad del cuerpo, el alma y el espíritu.

Al leer cada pasaje, escribe una vez más con tus propias palabras lo que aprendes acerca de las enfermedades, especialmente relacionadas con el pecado. ¿Es la enfermedad siempre consecuencia de un pecado personal? ¿Fue el pecado el que causó la enfermedad? Si es así, ¿el pecado de quién?

PASAJE BÍBLICO	TU ANÁLISIS

- **1 CRÓNICAS 21:10-14**
  "Ve y dile a David: 'Así dice el Señor: "Te propongo tres cosas; escoge para ti una de ellas, para que Yo te la haga."'". Entonces vino Gad a David y le dijo: "Así dice el Señor: 'Escoge para ti: tres años de hambre, o tres meses de derrota delante de tus adversarios mientras te alcanza la espada de tus enemigos, o tres días de la espada del Señor, esto es, la pestilencia en la tierra y el ángel del Señor haciendo estragos por todo el territorio de Israel.' Ahora pues, considera qué respuesta he de llevar al que Me envió." "Estoy muy angustiado," David respondió a Gad. "Te ruego que me dejes caer en manos del Señor, porque Sus misericordias son muy grandes; pero no caiga yo en manos de hombre." Así que el Señor envió pestilencia sobre Israel, y cayeron 70,000 hombres de Israel.

- **NÚMEROS 12:9-13**
  Y se encendió la ira del Señor contra ellos, y El se fue. Pero cuando la nube se retiró de sobre la tienda, vieron que Miriam estaba leprosa, blanca como la nieve. Y cuando Aarón se volvió hacia Miriam, vio que estaba leprosa. Entonces Aarón dijo a Moisés: "Señor mío, te ruego que no nos cargues este pecado, en el

PASAJE BÍBLICO	TU ANÁLISIS

cual hemos obrado neciamente y con el cual hemos pecado. No permitas que ella sea como quien nace muerto, que cuando sale del vientre de su madre su carne ya está medio consumida." Y Moisés clamó al Señor y dijo: "Oh Dios, sánala ahora, Te ruego."

- **SALMO 38:1-3**
  SEÑOR, no me reprendas en Tu enojo, ni me castigues en Tu furor. Porque flechas se han clavado en mí, y sobre mí ha descendido Tu mano. Nada hay sano en mi carne a causa de Tu indignación; En mis huesos no hay salud a causa de mi pecado.

- **ISAÍAS 1:4-6**
  ¡Ay, nación pecadora, pueblo cargado de iniquidad, generación de malvados, hijos corrompidos! Han abandonado al Señor, han despreciado al Santo de Israel, se han apartado de El. ¿Dónde más serán castigados? ¿Continuarán en rebelión? Toda cabeza está enferma, y todo corazón desfallecido. Desde la planta del pie hasta la cabeza no hay nada sano en él, sino golpes, verdugones y heridas recientes; no han sido curadas, ni vendadas, ni suavizadas con aceite.

PASAJE BÍBLICO	TU ANÁLISIS

- JUAN 9:1-3
  Al pasar Jesús, vio a un hombre ciego de nacimiento. Y Sus discípulos Le preguntaron: "Rabí, ¿quién pecó, éste o sus padres, para que naciera ciego?" Jesús respondió: "Ni éste pecó, ni sus padres; sino que está ciego para que las obras de Dios se manifiesten en él.

- JUAN 5:5-8,14
  Estaba allí un hombre que hacía treinta y ocho años que estaba enfermo. Cuando Jesús lo vio acostado allí y supo que ya llevaba mucho tiempo en aquella condición, le dijo: "¿Quieres ser sano?" El enfermo Le respondió: "Señor, no tengo a nadie que me meta en el estanque cuando el agua es agitada; y mientras yo llego, otro baja antes que yo." Jesús le dijo: "Levántate, toma tu camilla y anda." Después de esto Jesús lo halló en el templo y le dijo: "Mira, has sido sanado; no peques más, para que no te suceda algo peor."

- 1 CORINTIOS 11:27-32
  De manera que el que coma el pan o beba la copa del Señor indignamente, será culpable del cuerpo y de la sangre del Señor. Por tanto, examínese cada uno a sí mismo, y entonces coma del pan y beba de la copa. Porque

PASAJE BÍBLICO	TU ANÁLISIS

el que come y bebe sin discernir correctamente el cuerpo del Señor, come y bebe juicio para sí. Por esta razón hay muchos débiles y enfermos entre ustedes, y muchos duermen. Pero si nos juzgáramos a nosotros mismos, no seríamos juzgados. Pero cuando somos juzgados, el Señor nos disciplina para que no seamos condenados con el mundo

- FILIPENSES 2:25-30
Pero creí necesario enviarles a Epafrodito, mi hermano, colaborador y compañero de lucha, quien también es su mensajero y servidor (ministro) para mis necesidades. Porque él los extrañaba a todos, y estaba angustiado porque ustedes habían oído que se había enfermado. Pues en verdad estuvo enfermo, a punto de morir. Pero Dios tuvo misericordia de él, y no sólo de él, sino también de mí, para que yo no tuviera tristeza sobre tristeza. Así que lo he enviado con mayor solicitud, para que al verlo de nuevo, se regocijen y yo esté más tranquilo en cuanto a ustedes. Recíbanlo, pues, en el Señor con todo gozo, y tengan en alta estima a los que son como él. Porque estuvo al borde de la muerte por la obra de Cristo, arriesgando su vida para completar lo que faltaba en el servicio de ustedes hacia mí.

PASAJE BÍBLICO   TU ANÁLISIS

- 1 TIMOTEO 5:22-25
  No impongas las manos sobre nadie con ligereza, compartiendo así la responsabilidad por los pecados de otros; guárdate libre de pecado. Ya no bebas agua sola, sino usa un poco de vino por causa de tu estómago y de tus frecuentes enfermedades. Los pecados de algunos hombres ya son evidentes, yendo delante de ellos al juicio; pero a otros, sus pecados los siguen. De la misma manera, las buenas obras son evidentes, y las que no lo son no se pueden ocultar.

- SANTIAGO 5:14-16
  ¿Está alguien entre ustedes enfermo? Que llame a los ancianos de la iglesia y que ellos oren por él, ungiéndolo con aceite en el nombre del Señor. La oración de fe restaurará al enfermo, y el Señor lo levantará. Si ha cometido pecados le serán perdonados. Por tanto, confiésense sus pecados unos a otros, y oren unos por otros para que sean sanados. La oración eficaz del justo puede lograr mucho.

Eso, es suficiente para que medites hoy. ¿Encontraste las razones del por qué muchos están dolidos, heridos y desesperados? Si es así, escríbelas a continuación.

– *VIGÉSIMO QUINTO DÍA* —

¿A quién se vuelven las personas cuando necesitan sanidad? ¿No es generalmente a otras personas? Y cuando se vuelven a ti por ayuda, ¿cómo las tratas? Tu respuesta es esencial porque podría hacer la diferencia entre la vida y la muerte física y/o espiritual; podría también hacer la diferencia entre la opresión y la esclavitud, entre la paz y la libertad.

Con mucha frecuencia las personas vienen a Ministerios Precepto buscando nuestro consejo. Muchos de ellos antes de contactarnos ya han estado bajo consejería sin ningún provecho. A veces, la consejería no ha sido efectiva porque quien la recibió simplemente no quiere caminar en obediencia al consejo piadoso.

Sin embargo, a menudo este no es el caso. En muchas ocasiones encontramos que el consejero evidentemente ha fallado en tratar con el problema espiritual. No ha buscado la sabiduría de Jehová-rafá, ni le ha pedido Su diagnóstico. No ha investigado si hay pecado que necesita ser tratado. Muchas veces encontramos que el consejero no ha abierto la medicina de la Palabra de Dios, ni la ha aplicado a las heridas de la persona.

No hace mucho tratamos con un hombre que había estado involucrado en la homosexualidad. Aunque había pedido liberación, todavía se le acercaban otros hombres y cedía a sus proposiciones. Había recibido lo que algunos considerarían los mejores consejos de teólogos importantes. Sin embargo, en ninguna oportunidad estos consejeros pudieron discernir los poderes demoníacos que operaban en él. Sus lágrimas eran amargas. ¿Debía librar esta batalla por el resto de sus días?

Al orar y aconsejar a este joven, Dios nos mostró el problema. Con calma y sencillez reclamamos lo que era nuestro debido al Calvario. Luego tomamos autoridad sobre el enemigo.

Nuestro amigo ahora está bien — y su personalidad masculina es evidente. Escribió Kay: "Dios te ha usado como Su instrumento para hacerme libre de la horrible esclavitud de toda una vida. Los cambios en mi vida no han sido menos que dramáticos. La ansiedad se ha ido, la depresión constante y los pensamientos suicidas han desaparecido. La lascivia constante se ha ido. Puedo mirarme al espejo sin ese sentimiento de intenso odio que se apoderaba de mí. En realidad, me siento bien conmigo mismo".

¿Te avergüenza admitir tu necesidad de sanidad? Hasta que no lo hagas, no puedes ser sanado. Jesús les dijo: "Los que están sanos no tienen necesidad de médico, sino los que están enfermos. Pero vayan, y aprendan lo que significa: 'MISERICORDIA QUIERO Y NO SACRIFICIO'; porque no he venido a llamar a justos, sino a pecadores" (Mateo 9:12-13).

Se trate de una enfermedad física, emocional o espiritual, una persona debería buscar la sanidad primero de Jehová-rafá. En 2 Crónicas 16:12 dice: "En el año treinta y nueve de su reinado, Asa se enfermó de los pies. Su enfermedad era grave, pero aun en su enfermedad no buscó al SEÑOR, sino a los médicos."

Se trate de la enfermedad de una nación o de un solo ser humano, has visto que tal necesidad de sanidad puede ser el resultado del pecado de un pueblo, un líder o una persona. Es Dios el que sana la tierra, pestes, guerras, cuerpos, emociones, almas y espíritus. Él puede, y con frecuencia lo hace, usarnos como Sus instrumentos de sanidad. Pero el instrumento no tiene poder sin el poder del Médico.

Por lo tanto, con el riesgo de ser redundantes, permitenos decir otra vez: Cuando necesites sanidad, primero consulta a Jehová-rafá. Segundo, investiga si el pecado es la causa del problema.

¿Recuerdas que dijimos que debemos admitir nuestra necesidad de sanidad del espíritu, alma o cuerpo y que hasta que no lo hagamos, no puede haber realmente sanidad? El pecado afecta nuestro espíritu y el espíritu puede causar enfermedades de nuestras emociones y nuestros cuerpos.

David escribió: "Confieso, pues, mi iniquidad; Afligido estoy a causa de mi pecado." (Salmo 38:18). El pecado no siempre es la causa del problema; de hecho el pecado personal ni siquiera puede ser el factor contribuyente. Sin embargo, deberíamos orar: "Escudríñame, oh Dios, y conoce mi corazón; Pruébame y conoce mis inquietudes. Y ve si hay en mí camino malo, y guíame en el camino eterno." (Salmo 139:23-24). Pablo escribió: "Porque no estoy consciente de nada en contra mía. Pero no por eso estoy sin culpa, pues el que me juzga es el Señor" (1 Corintios 4:4). Es sabio permitir que Dios examine nuestro corazón.

Si el pecado es descubierto, debemos tratarlo totalmente. El no hacerlo puede detener la mano sanadora de Dios y aún traer enfermedad más adelante. "El que encubre sus pecados no prosperará, pero el que los confiesa y los abandona hallará misericordia. Cuán bienaventurado es el hombre que siempre teme, pero el que endurece su corazón caerá en el infortunio" (Proverbios 28:13-14). Dios siempre se reúne con nosotros en el lugar de la obediencia; ahí viene a nuestro lado. En el Salmo 103:3, "El es el que perdona todas tus iniquidades" viene antes de "El que sana todas tus enfermedades".

Terminemos nuestro estudio acerca de Jehová-rafá con algunas preguntas y pasajes preciosos.

1. ¿Temes (reverencias) a tu Dios como Jehová-rafá?

2. ¿Has reconocido que Aquel que sana es también Aquel que juzga el pecado, aún en la vida de un hijo de Dios quien no se puede juzgar a sí mismo?

3. Cuándo oras por tu país pidiéndole a Dios que sane tu tierra, ¿te das cuenta que primero debes convertirte de tus malos caminos? (2 Crónicas 7:14).

4. Cuándo aconsejas a otros, ¿los llevas a Jehová-rafá o tratas de sanarlos en tu propia fuerza o sabiduría? ¿Por qué?

5. ¿Por qué siempre tratas de sanarlos en tu propia fuerza o sabiduría? ¿No hay bálsamo en Galaad? ¿No está ahí Jehová rafá?

Pero para ustedes que temen Mi nombre, se levantará el sol de justicia con la salud en sus alas; y saldrán y saltarán como terneros del establo. (Malaquías 4:2).

Sáname, oh Señor, y seré sanado; Sálvame y seré salvado, porque Tú eres mi alabanza. (Jeremías 17:14).

¡Escribe una oración de agradecimiento a tu Jehová-rafá!

VERSÍCULO PARA MEMORIZAR

Sáname, oh SEÑOR, y seré sanado; Sálvame y seré salvado, porque Tú eres mi alabanza.

JEREMÍAS 17:14

PREGUNTAS PARA LA DISCUSIÓN EN GRUPOS PEQUEÑOS

1. ¿Cuál es el significado del nombre Jehová-rafá?

2. De las Escrituras que has estudiado, ¿cuál es tu conclusión acerca del tipo de sanidad que Jehová-rafá realiza?

3. En el estudio de Jehová-rafá, ¿qué relación descubriste entre el pecado y la enfermedad?

4. ¿Qué dice Dios acerca del juicio del pecado en tu vida? ¿Qué evita que seas juzgado por tu pecado? (Mira 1 Corintios 11:27- 32).

5. ¿A dónde va uno por sanidad — ya sea física, espiritual o emocional? ¿Hay algunas excepciones?

6. Piensa acerca de la última vez que necesitaste ser sanado. ¿A quién corriste? ¿Qué ocurrió? (Permite que alguien comparta su experiencia si lo desea).

7. Lee Malaquías 4:2 y Jeremías 17:14 ¿Qué ves en estos dos versículos que aparentemente está faltando en muchos que hoy afirman tener poderes curativos, de sanidad?

8. Creo que es el momento propicio para hacer un repaso. ¿Puedes repetir cada nombre que has estudiado (ocho hasta ahora)? ¿Puedes dar la definición de cada uno?

capítulo 10

HACIENDO
UNA PAUSA

— VIGÉSIMO SEXTO DÍA —

En nuestro caminar con Dios anhelamos desarrollar una disposición espiritual que nos impulse a buscarlo inmediatamente en cada situación de la vida. Deseamos llegar a un punto en que siempre pensemos, cómo nuestro Dios desearía que respondieramos por lo que Él es y por lo que Él ha dicho. Pero con frecuencia simplemente reaccionamos a una situación.

¡Los hijos de Israel también fueron así! Ellos reaccionaban una y otra vez a las circunstancias de la vida, en lugar de responder al conocimiento de Dios.

Pero, si somos nueva creación en Cristo Jesús, no podemos hacer lo que queremos (Gálatas 5:17), en lugar de eso deberíamos escoger andar en el Espíritu (Gálatas 5:16). Si andamos en el Espíritu y no satisfacemos los deseos de la carne, estaremos bajo Su control aún en nuestras respuestas emocionales. Esto es simplemente otra forma de decir: "sean llenos del Espíritu" (Efesios 5:18). De acuerdo a Gálatas 5:22-23, si estamos llenos del Espíritu, el fruto del amor, gozo, paz, paciencia, benignidad, bondad, fe, mansedumbre y templanza, serán manifestados en nuestro caminar. ¡Ninguna de estas verdades estarán ausentes!

Ahora damos por hecho que los hijos de Israel no estaban llenos del Espíritu como lo estamos nosotros, porque todavía no habían entrado en el Nuevo Pacto (Jeremías 31:31-34; Ezequiel 36:26-27). Sin embargo, ellos conocían a su Dios. Habían visto Sus obras con sus propios ojos.

A estas alturas en su peregrinación. Él se había dado a conocer como Jehová. Él había recordado Su pacto: "Yo soy el Señor, y los sacaré de debajo de las cargas de los Egipcios," redimiéndoles "con brazo extendido y con grandes juicios." (Éxodo 6:2-6). Como Jehová-yireh les había provisto Su redención de Egipto por medio de la sangre del Cordero de la Pascua, lo que fue un cuadro de Jesucristo (1 Corintios 5:7). Él ahogó a Sus enemigos en el Mar Rojo y ellos cantaron alabanzas a Jehová, porque sabían que Él los había liberado.

Pero inmediatamente después de esta gran victoria, reaccionaron. En lugar de recordar y responder al Dios cuyo nombre conocían, murmuraron por las aguas amargas de Mara. Y fue allí que en Su gracia y debido a Su amor y bondad les dio una revelación más de quién es Él. ¡Él es Jehová-rafá!

Al llegar al desierto de Sin entre Elim y Sinaí, otra vez reaccionaron en lugar de responder e invocar a Jehová-yireh. Tenían hambre, pero en lugar de mirar al Dios que proveería para todas sus necesidades y recordar Su fidelidad y provisión, ellos gritaron: "Ojalá hubiéramos muerto a manos del Señor en la tierra de Egipto cuando nos sentábamos junto a las ollas de carne, cuando comíamos pan hasta saciarnos. Pues nos han traído a este desierto para matar de hambre a toda esta multitud" (Éxodo 16:3).

Una vez más, Dios se mostró a Sí mismo como su Jehová-yireh al hacer llover maná del cielo. Y no sólo maná, ¡sino también codornices! "Y a Aquél que es poderoso para hacer todo mucho más abundantemente de lo que pedimos o entendemos, según el poder que obra en nosotros" (Efesios 3:20).

Cuando lees acerca de los hijos de Israel, ¿no te preguntas a veces cómo pudieron ser tan tardos para aprender? Después de haber visto todos estos actos de Dios con sus propios ojos, ¿cómo podían murmurar o quejarse? ¿Cómo podían llegar a dudar de Su protección y provisión? ¿Cómo podían continuar reaccionando a las circunstancias de la vida de una manera increíble? ¿Por qué no respondieron en fe y descansaron en todo lo que sabían acerca de Dios?

¿Te preguntas? ¡nosotros sí! Pero luego miramos a la iglesia y nos hacemos la misma pregunta. No hemos visto lo que ellos vieron, pero ellos nunca leyeron todo lo que hemos leído en la Biblia. Ellos vieron la gloria de Su presencia (Shekiná) en la nube y sabían que Él estaba con ellos.

"El Espíritu mismo da testimonio a nuestro espíritu de que somos hijos de Dios. Y si somos hijos, somos también herederos; herederos de Dios y coherederos con Cristo" (Romanos 8:16-17). También, tenemos la promesa, porque él dijo: "NUNCA TE DEJARE NI TE DESAMPARARE," de manera que decimos confiadamente: "EL SEÑOR ES EL QUE ME AYUDA; NO TEMERE. ¿QUE PODRA HACERME EL HOMBRE?" (Hebreos 13:5-6).

Una cosa es conocer acerca de Dios y otra es vivir a la luz de ese conocimiento. Cuánto oramos para que este estudio no sea solo para que lo guardes en tu conocimiento, sino que ¡deseamos que vivas a la luz de lo que has aprendido!

Le pedimos a Dios para que cada uno de nosotros aprendamos a volvernos a Él inmediatamente, que no reaccionemos en la carne, sino que reaccionemos espiritualmente. Recuerda que, "El nombre del SEÑOR es torre fuerte, A ella corre el justo y está a salvo." (Proverbios 18:10).

Para ayudar a reafirmar en tu mente y tu corazón los nombres que hemos cubierto hasta ahora, escribe tu definición para cada uno de ellos en el siguiente espacio. ¡Este ejercicio te ayudará a recordar los nombres de tu Padre, para que puedas llamarlo en el tiempo de necesidad!

1. Elohim

2. El Elyon

3. El Roí

4. El Shaddai

5. Adonai

6. Jehová

7. Jehová-yireh

8. Jehová-rafá

— *VIGÉSIMO SÉPTIMO DÍA* —

Busca Éxodo 17 ya sea en tu Biblia o al final de la lectura de hoy. Recuerda todo lo que compartimos ayer y luego lee este capítulo cuidadosamente siguiendo las siguientes instrucciones.

Deseamos tomar un momento para mostrarte cómo hacer el Registro de Observaciones. Este es uno de los principales componentes en nuestros cursos de estudios bíblicos inductivos de Precepto Sobre Precepto.

La observación es el paso más valioso en el estudio inductivo. A través de ella se descubre qué dice el texto. La interpretación permite descubrir qué significa y la aplicación te ayuda a poner en práctica lo que aprendes. Permítenos mostrarte cómo observar el contenido de Éxodo 17 paso a paso.

1. *Tema del Capítulo:* Cuando observes cualquier capítulo de un libro de la Biblia, debes buscar cuál es el tema de ese pasaje en particular. El tema, por supuesto, es el asunto principal que el autor está cubriendo dentro del texto dado. Es de lo que más habla.

2. *Marcando Palabras Clave.* Cuando hagas el Registro de Observaciones, marca las palabras clave del texto. Esto puede hacerse de dos maneras:

 a. Primero, a través del uso de símbolos tales como:

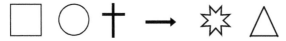

 b. O, utilizando cierto color para cada palabra clave. Por ejemplo, Dios, puede colorearse de amarillo e Israel de azul, etc.

Cada palabra clave tendrá su propio símbolo o color para que cuando veas el texto, puedas detectar inmediatamente su uso. Cuando busques palabras clave, algunas veces la tendencia será marcar muchas palabras. Recuerda buscar aquellas palabras que se relacionen al tema del texto. A veces una palabra clave puede no ser repetida frecuentemente, pero, tú sabes que es una palabra clave, porque sin ésta no entenderías de lo que está hablando el autor.

Lee Éxodo 17 y marca las palabras que consideres son clave en este capítulo. Cuando hayas terminado pasa al número tres.

3. *Las 6 preguntas básicas.* Al leer la Palabra de Dios entrénate a descubrir las seis preguntas básicas: *¿Quién? ¿Qué? ¿Cómo? ¿Cuándo? ¿Dónde? ¿Por qué?*

 a. *¿Quién* lo escribió? ¿A quién le estaba hablando? ¿Acerca de quién estaba hablando? ¿Quiénes son los personajes principales?

 b. *¿Cuáles* son los eventos principales de este capítulo? ¿Cuáles son las ideas principales? ¿Cuáles son las enseñanzas principales? ¿Cuáles son las cosas de las que el autor habla más? ¿Cuál es el propósito al decir esto?

 c. *¿Cuándo* ocurrió este evento? ¿Cuándo ocurrirá? ¿Cuándo lo dijo?

   d. *¿Dónde* se hizo esto? ¿Dónde se dijo? ¿Dónde ocurrirá?

   e. *¿Por qué* había necesidad que esto fuese escrito? ¿Por qué fue mencionado esto? ¿Por qué se le dedicó tanto o poco espacio a este vento o enseñanza en particular?

   f. *¿Cómo* se hace esto? ¿Cómo se ilustra esta verdad?

No hay necesidad de anotar las respuestas a estas 6 preguntas básicas, a menos que sientas que la información que revelan es importante. Si anotas mucha información, probablemente será mejor hacerlo al final del Registro de Observaciones.

   4. *Contrastes, comparaciones, términos de conclusión, expresiones de tiempo.* Cuando leas también busca:

   a. *Contrastes*: Un contraste es una evaluación de cosas diferentes u opuestas en el contexto en que se han visto. El contraste no necesariamente está entre dos palabras reales. Puede haber contraste dentro de un pensamiento o parte principal de una verdad transmitida por las palabras en ese contexto en particular Por ejemplo, luz/oscuridad, paz/contención. Muchas veces el contraste se nota con la palabra *pero*.

   b. *Términos de comparación*: Éstos siempre se refieren a cosas similares o parecidas. Muchas veces las palabras *como* e *igual* significan comparación.

   c. *Términos de conclusión*: Palabras como: *Por lo tanto, por lo que, de modo que* y *por esta razón*, indican la conclusión o resumen que se ha hecho como resultado de lo establecido.

   d. *Expresiones de tiempo*: Palabras como: *Entonces, después de esto, hasta entonces* y *cuando*, muestran tiempo o una serie de eventos. Responden a la pregunta "¿cuándo?"

Cuando veas cualquiera de estos términos, es bueno marcarlos o anotarlos de alguna forma en tu Registro de Observaciones. Por ejemplo, usamos un círculo para anotar expresiones de tiempo. Escribimos contrastes, cerca del texto donde aparecen, en el margen derecho. El margen izquierdo está reservado para las divisiones de párrafos y títulos. No se hace ninguna anotación en el margen izquierdo.

Lee todo Éxodo 17 y anota o marca cualquier contraste, términos de comparación, conclusión y expresiones de tiempo.

Oramos para que seas diligente en tu estudio. Si solamente hubiera alguna manera de convencerte de cuán vital es todo este trabajo. Algún día lo verás a Él cara a cara y le rendirás cuentas (2 Corintios 5:10; Romanos 14:10). Oramos para que no seas avergonzado.

REGISTRO DE OBSERVACIONES
ÉXODO 17

Título del Capítulo: _____

Versículo Clave: _____

¹ Toda la congregación de los Israelitas marchó por jornadas desde el desierto de Sin, conforme al mandamiento del SEÑOR. Acamparon en Refidim, y no había agua para que el pueblo bebiera.

² Entonces el pueblo discutió con Moisés, y le dijeron: "Danos agua para beber." "¿Por qué discuten conmigo?" les dijo Moisés. "¿Por qué tientan al SEÑOR?"

³ Pero el pueblo tuvo sed allí, y murmuró el pueblo contra Moisés, y dijo: "¿Por qué nos has hecho subir de Egipto para matarnos de sed a nosotros, a nuestros hijos y a nuestros ganados?"

⁴ Y clamó Moisés al Señor y dijo: "¿Qué haré con este pueblo? Un poco más y me apedrearán."

⁵ Entonces el SEÑOR dijo a Moisés: "Pasa delante del pueblo y toma contigo a algunos de los ancianos de Israel, y toma en tu mano la vara con la cual golpeaste el Nilo, y ve.

⁶ Yo estaré allí delante de ti sobre la peña en Horeb. Golpearás la peña, y saldrá agua de ella para que beba el pueblo." Y así lo hizo Moisés en presencia de los ancianos de Israel.

⁷ Y puso a aquel lugar el nombre de Masah y Meriba, por la contienda de los Israelitas, y porque tentaron al SEÑOR, diciendo: "¿Está el SEÑOR entre nosotros o no?"

⁸ Entonces vino Amalec y peleó contra Israel en Refidim.

⁹ Y Moisés dijo a Josué: "Escógenos hombres, y sal a pelear contra Amalec. Mañana yo estaré sobre la cumbre de la colina con la vara de Dios en mi mano."

¹⁰ Josué hizo como Moisés le dijo, y peleó contra Amalec. Moisés, Aarón y Hur subieron a la cumbre de la colina.

¹¹ Y sucedía que mientras Moisés tenía en alto su mano, Israel prevalecía; y cuando dejaba caer la mano, prevalecía Amalec.

¹² Pero las manos de Moisés se le cansaban. Entonces tomaron una piedra y la pusieron debajo de él, y se sentó en ella. Y Aarón y Hur le sostenían las manos, uno de un lado y otro del otro. Así estuvieron sus manos firmes hasta que se puso el sol.

¹³ Josué deshizo a Amalec y a su pueblo a filo de espada.

¹⁴ Entonces dijo el Señor a Moisés: "Escribe esto en un libro para que sirva de memorial, y haz saber a Josué que Yo borraré por completo la memoria de Amalec de debajo del cielo."

¹⁵ Y edificó Moisés un altar, y le puso por nombre El Señor es mi Estandarte,

¹⁶ y dijo: "El SEÑOR lo ha jurado. El SEÑOR hará guerra contra Amalec de generación en generación."

— *VIGÉSIMO OCTAVO DÍA* —

Hoy continuaremos observando Éxodo 17. Mañana discutiremos otro nombre de nuestro Dios, Jehová-nissí, El Señor mi estandarte.

Sigamos con el paso cinco de nuestras observaciones.

5.   *Listas.*[1] Hoy, A partir del texto, haz una lista de todo lo que aprendas acerca de:

a.   La peña

b.   Moisés

c.   Amalec

Antes de comenzar, te daremos un ejemplo y algunas instrucciones. Escribe una lista inicial en una hoja aparte. Luego, cuando la tengas, trasládala al margen derecho del Registro de Observaciones que encontraste en la tarea de ayer. Haz tu lista tan concisa como sea posible. Registra solamente los puntos pertinentes e importantes que aprendas acerca de personas, lugares, cosas o temas en el texto. Permítenos empezar tu lista referente a la peña, luego podrás terminarla.

La Peña
1.   en Horeb (versículo 6)
2.   golpeada por Moisés (versículo 6)
3.   _____(versículo___)

No tengas miedo. Inténtalo. ¡Estás aprendiendo! Recuerda que este estudio es entre tú y Dios. Tienes al Espíritu Santo si eres hijo de Dios y Él es el Único que revela la verdad, sin importar el grado de educación que tengas (1 Corintios 2:6-16).

6. *Divisiones de Párrafos*. Generalmente un capítulo de la Biblia se dividirá en párrafos. Un párrafo tiene un pensamiento central. Entonces, los párrafos son divisiones de pensamientos que contribuyen al tema general del capítulo. Para propósitos del estudio, es bueno dividir un capítulo en párrafos. Entonces tú puedes observar el hilo del pensamiento mientras que el autor desarrolla su tema.

Con frecuencia, la división de los párrafos ya está anotada en tu Biblia. Están marcadas en una de estas tres formas: por medio del símbolo del párrafo (¶), por la impresión en negrita de la primera letra de la primera palabra del párrafo o por la impresión en negrita del número del versículo inicial. Sin embargo, puedes dividir un capítulo en párrafos por ti mismo.

Recuerda que no hay nada sagrado respecto a las divisiones de versículos, párrafos o capítulos. Éstas no estaban anotadas en los manuscritos originales de la Biblia, sino que fueron hechas mucho después debido a las referencias.

Divide Éxodo 17 en dos párrafos. Hazlo dibujando una línea en la página, entre los versículos en que creas que la división debe de estar.

7. *Títulos de Capítulos y Párrafos*. Antes de titular un capítulo, elige un versículo clave que mejor describa o exprese el tema principal de ese capítulo. En Éxodo 17 es un poco difícil debido a que hay dos eventos diferentes. Sin embargo, para practicar, hazlo lo mejor que puedas. Cuando hayas elegido un versículo clave, regístralo en la parte superior de tu Registro de Observaciones.

Después que escojas tu versículo clave, estás listo para titular tu capítulo. Generalmente, el versículo clave te ayudará a titular el capítulo. Tu título debería llenar los siguientes requisitos:

   a. Tener cuatro palabras o menos. (Pero no exclusivamente, no obstante, procura usar la menor cantidad de palabras posible).
   b. Tener por lo menos una palabra clave del texto.
   c. Debe ser descriptivo del tema del capítulo.
   d. Debe ser diferente de otro título dado a un capítulo o párrafo.

Trabaja con tu título en una hoja aparte hasta que logres lo que desees y luego escríbelo en la parte superior del Registro de Observaciones.

Titula los párrafos de acuerdo a las mismas reglas para titular los capítulos. Cada título debe ser escrito en el margen izquierdo de tu Registro de Observaciones, opuesto al párrafo que éste representa. El margen izquierdo está reservado para estos títulos. Cuando titules, trata de hacer que los títulos de tus párrafos fluyan lo más gramatical y lógicamente posible con tu título del capítulo.

Bien, has terminado el Registro de Observaciones. Te felicitamos por tu perseverancia.

Antes de terminar hoy, permítenos hacer algunas preguntas acerca del texto. Escribe tu respuesta después de cada pregunta.

1. ¿Cuál debería haber sido la respuesta de los hijos de Israel en su situación de la falta de agua? ¿Por qué?

2. ¿Cuál era el significado de golpear la peña? (Ver 1 Corintios 10:4; Juan 7:37-39).

3. ¿Cuál es el nombre de Dios que se aplicaría aquí? ¿Por qué?

4. ¿Cómo podrías aplicar esta: "falta de agua" a tu propia vida?

VERSÍCULO PARA MEMORIZAR

Toma esta oportunidad para revisar tus versículos paraMemorizar de los capítulos anteriores: Proverbios 18:10; Apocalipsis 4:11; Salmo 57:2; Proverbios15:3; Génesis 17:1; Salmo 16:2; Éxodo 3:14; Filipenses 4:19; Jeremías 17:14.

capítulo 11

EL SEÑOR, MI ESTANDARTE

— *VIGÉSIMO NOVENO DÍA* —

Éxodo 17:8 establece: "Entonces vino Amalec y peleó contra Israel en Refidim". En esta batalla no debía haber bandera blanca de rendición. Dios fue muy claro: Sal a pelear contra Amalec (versículo 9). ¿Por qué? Porque Amalec y su pueblo eran enemigos de Dios y debían ser dominados, aún si esto significara la guerra. Éxodo 17:16 dice: "El Señor lo ha jurado. El Señor hará guerra contra Amalec de generación en generación."

En esta batalla contra Amalec, Dios fue por primera vez adorado como nuestro *Jehová-nissí*. El Señor es mi estandarte (Éxodo 17:15). A través de este evento, Dios nos está mostrando un gran principio para lograr la victoria sobre nuestro enemigo, la carne.

Permítenos mostrar lo que queremos decir, paso a paso. Síguenos cuidadosamente. Toma un tiempo para meditar y ven con un espíritu enseñable. Nota que hemos dicho "enseñable" no ¡crédulo! A medida que avanzas en este estudio, recuerda: "Porque todo lo que fue escrito en tiempos pasados, para nuestra enseñanza se escribió, a fin de que por medio de la paciencia y del consuelo de las Escrituras tengamos esperanza." (Romanos 15:4).

Creemos, así como otros estudiosos, que Amalec es una figura de la carne. Pero veremos esto más adelante. Primero regresemos a nuestro estudio acerca de Jehová-nissí, El Señor es Mi Estandarte. De acuerdo a la *Enciclopedia de la Biblia Internacional*, un estandarte era una insignia o modelo "llevada a la cabeza de una banda o cuerpo militar, para indicar la línea de marcha o punto de partida". Nathan Stone agrega: "Un estandarte en los tiempos antiguos no necesariamente era una bandera como la que usamos hoy. A menudo era una vara desnuda con un ornamento brillante que relucía en el sol".

Supongamos que estamos en lo correcto diciendo que Amalec es una figura de la carne y que Dios tiene una lección práctica para nuestras vidas en este evento histórico. Al tomar el relato de Éxodo 17, ¿cuál piensas que es la lección?

Medita en esto, luego escribe tus observaciones en el espacio que sigue. No exageres ni agregues más a lo que Dios está diciendo, simplemente considera todos los hechos. (Por ejemplo, ¿qué pasó en la cima de la colina mientras Josué peleaba contra Amalec?) Mira lo que puedas hasta este punto y regístralo.

Ahora miremos algo de la historia de los amalecitas para que puedas ver cómo esto ilustra nuestra batalla con la carne y lo que ocurre cuando no mantenemos en alto nuestra insignia o estandarte. Oramos para que Dios te ministre transformándote por medio de la renovación de tu entendimiento, para que compruebes cual sea la buena voluntad de Dios, agradable y perfecta (Romanos 12:2).

¿De dónde venía Amalec? ¿Recuerdas a Abraham, Isaac y Jacob, los padres de Israel a quienes Dios se les apareció como el Dios Todopoderoso (El Shaddai) — los únicos con quienes estableció Su pacto para siempre? (Éxodo 6:3-4). Como probablemente sabes, Isaac tuvo dos hijos, Esaú y Jacob. Esaú era el primogénito de los gemelos y debería ser el heredero de Isaac. Pero Esaú despreció su primogenitura, vendiéndola por un plato de comida (un guiso rojo, potaje) debido al hambre de su carne (Génesis 25:27-34; Hebreos 12:16-17). En otras palabras, la ansiedad de Esaú fue tan grande que vendió lo que tenía valor eterno, para obtener una satisfacción temporal. Esaú tuvo un hijo, Elifaz, padre de Amalec. Así que, Amalec fue el nieto de Esaú, un descendiente directo de Isaac.

Amalec también fue el primer y constante enemigo de Israel. Números 24:20 dice: "Al ver a Amalec, continuó su discurso, y dijo: Amalec fue la primera de las naciones, pero su fin será destrucción." Al usar la frase "primera de las naciones", Balaam estaba diciendo que Amalec fue el primero de las naciones que le causó problemas a Israel. ¡Cuan cierto fue esto! Después que los hijos de Israel salieron de Egipto por medio de la Pascua y cruzaron el Mar Rojo por la poderosa salvación de Dios (Éxodo 14:13) y después que ellos habían comido pan del cielo y bebido agua de la roca, el primer enemigo con el que tuvieron que tratar fue Amalec (Éxodo 17:8).

¿Acaso no es la carne tu primer y constante enemigo? Más tarde, Moisés escribiría: "Acuérdate de lo que te hizo Amalec en el camino cuando saliste de Egipto, cómo te salió al encuentro en el camino, y atacó entre los tuyos a todos los agotados en tu retaguardia cuando tú estabas fatigado y cansado; y él no temió a Dios. Por tanto, cuando el Señor tu Dios te haya dado descanso de todos tus enemigos alrededor, en la tierra que el Señor tu Dios te da en heredad para poseerla, borrarás de debajo del cielo la memoria de Amalec; no lo olvides" (Deuteronomio 25:17-19).

Nota la frase "no tuvo ningún temor de Dios". La palabra hebrea para *temor* significa "reverenciar, respetar u honrar a Dios como Dios". Tal como Esaú despreció su primogenitura no dándole su propio valor o respeto; así mismo su nieto Amalec no respetó a Dios. La primogenitura de Esaú lo habría hecho un heredero del pacto de Abraham, pero la vendió debido al ¡hambre temporal de su carne!

¿Puedes ver las similitudes respecto a nuestra carne? Como Esaú, la carne no puede esperar. ¡Ésta demanda sus deseos, no más tarde sino ahora! Así como Amalec, la carne no sabe respetar ni reverenciar a Dios o las cosas de Dios. "Ahora bien, las obras de la carne son evidentes, las cuales son: inmoralidad, impureza, sensualidad, idolatría, hechicería, enemistades, pleitos, celos, enojos, rivalidades, disensiones, herejías, envidias, borracheras, orgías y cosas semejantes" (Gálatas 5:19-21). Todas esas cosas pertenecen a Egipto, el mundo y no a los hijos redimidos de Dios, libertados de la esclavitud, de la tierra de esclavitud. "En verdad les digo que todo el que comete pecado es esclavo del pecado" (Juan 8:34), pero "...si el Hijo los hace libres, ustedes serán realmente libres" (Juan 8:36).

— *TRIGÉSIMO DÍA* —

¿Cuál es el gran enemigo del hijo de Dios? ¿Quién es el primer enemigo con el que debe tratar un cristiano después que es salvo? ¿Quién te ataca por detrás cuando te sientes cansado y trabajado (Deuteronomio 25:18)? ¿Acaso no es tu carne? ¿Acaso no es por la carne que Pablo, quien no podía esperar liberarse de su cuerpo mortal gimió: "anhelando ser vestidos con nuestra habitación celestial" (2 Corintios 5:2)?

En nuestros cuerpos se libra una batalla perpetua: "Porque el deseo de la carne es contra el Espíritu, y el del Espíritu es contra la carne, pues éstos se oponen el uno al otro, de manera que ustedes no pueden hacer lo que deseen." (Gálatas 5:17). No podemos hacer las cosas que nos placen, sino que debemos estar alertas y conscientes constantemente del compromiso de que si andamos en el Espíritu, no satisfaremos "los deseos de la carne" (Gálatas 5:16).

La carne debe morir constantemente. No debe ser tolerada o complacida en ninguna forma. Si no, te devastará. Dios nos da un cuadro muy claro sobre esto en la historia del rey Saúl.

- 1 SAMUEL 15:1-3, 7-9
  Entonces Samuel dijo a Saúl: "El Señor me envió a que te ungiera por rey sobre Su pueblo, sobre Israel; ahora pues, está atento a las palabras del Señor. Así dice el Señor de los ejércitos: 'Yo castigaré a Amalec por lo que hizo a Israel, cuando se puso contra él en el camino mientras subía de Egipto. Ve ahora, y ataca a Amalec, y destruye por completo todo lo que tiene, y no te apiades de él; antes bien, da muerte tanto a hombres como a mujeres, a niños como a niños de pecho, a bueyes como a ovejas, a camellos como a asnos.'"
  ...Saúl derrotó a los Amalecitas desde Havila en dirección a Shur, que está al oriente de Egipto. Capturó vivo a Agag, rey de los Amalecitas, y destruyó por completo a todo el pueblo a filo de espada. Pero Saúl y el pueblo perdonaron a Agag, y lo mejor de las ovejas, de los bueyes, de los animales engordados, de los corderos y de todo lo bueno. No lo quisieron destruir por completo; pero todo lo despreciable y sin valor lo destruyeron totalmente.

¿Y cómo se sintió Jehová, el Dios de los ejércitos con relación a la obediencia parcial de Saúl? "Entonces vino la palabra del Señor a Samuel: "Me pesa haber hecho rey a Saúl, porque ha dejado de seguirme y no ha cumplido Mis mandamientos…" (1 Samuel 15:10-11).

Dios estaba apesadumbrado. Y también Samuel el profeta cuando confrontó a Saúl. ¿Y cómo respondió Saúl? ¿Tenía Saúl un remordimiento piadoso que lo llevase al arrepentimiento? Sigue leyendo.

- 1 SAMUEL 15:16-23
Dijo entonces Samuel a Saúl: "Espera, déjame declararte lo que el Señor me dijo anoche." Y él le dijo: "Habla." Y Samuel dijo: "¿No es verdad que aunque eras pequeño a tus propios ojos, fuiste nombrado jefe de las tribus de Israel y el Señor te ungió rey sobre Israel, y que el Señor te envió en una misión, y te dijo: 'Ve, y destruye por completo a los pecadores, los Amalecitas, y lucha contra ellos hasta que sean exterminados?' ¿Por qué, pues, no obedeciste la voz del Señor, sino que te lanzaste sobre el botín e hiciste lo malo ante los ojos del Señor?" Entonces Saúl dijo a Samuel: "Yo obedecí la voz del Señor, y fui en la misión a la cual el Señor me envió, y he traído a Agag, rey de Amalec, y he destruido por completo a los Amalecitas. Pero el pueblo tomó del botín ovejas y bueyes, lo mejor de las cosas dedicadas al anatema (a la destrucción), para ofrecer sacrificio al Señor tu Dios en Gilgal." Y Samuel dijo: "¿Se complace el Señor tanto en holocaustos y sacrificios como en la obediencia a la voz del Señor? entiende, el obedecer es mejor que un sacrificio, y el prestar atención, que la grasa de los carneros. Porque la rebelión es como el pecado de adivinación, y la desobediencia, como la iniquidad e idolatría. Por cuanto tú has desechado la palabra del Señor, el también te ha desechado para que no seas rey."

Queremos que tomes un tiempo para pensar sobre lo que estás leyendo. Estas son lecciones que pueden hacer la diferencia entre la victoria y la derrota, entre ser usado por Dios o reprobado por Él (1 Corintios 9:24-27), entre una vida plena de servicio a Dios o la posibilidad de una muerte prematura por el juicio de Dios sobre el pecado, dejando al creyente avergonzado delante de Dios (1 Corintios 11:28-32; Eclesiastés 7:17; Hebreos 12:9; 1 Corintios 5:5; 1 Juan 5:16).

Por lo tanto, según los pasajes que has leído en 1 Samuel 15, responde a las siguientes preguntas. Medita sobre todo lo que se ha dicho y mañana cubriremos lo demás.

1. Enumera exactamente lo que Jehová de los ejércitos le dijo a Saúl que hiciera.

2. ¿De qué se apiadó Saúl y por qué?

3. ¿Cómo respondió Saúl cuando se le confrontó con su desobediencia?

4. ¿Qué perdió Saúl debido a su desobediencia?

5. ¿Qué puedes aprender de todo esto para tu vida?

— *TRIGÉSIMO PRIMER DÍA* —

Ayer dijimos que la carne no debía ser tolerada ni complacida; tampoco debemos apiadarnos de ella en ninguna forma. La carne debe morir, de lo contrario te devastará. Pablo dice en Gálatas 5:24, "Pues los que son de Cristo Jesús han crucificado la carne con sus pasiones y deseos"

Esta verdad se representa en la vida del rey Saúl. Dios le dijo a Saúl por medio del profeta Samuel: "Ve ahora, y ataca a Amalec, y destruye por completo todo lo que tiene, y no te apiades de él; antes bien, da muerte tanto a hombres como a mujeres, a niños como a niños de pecho, a bueyes como a ovejas, a camellos como a asnos (1 Samuel 15:3). Ni un vestigio de los amalecitas debía ser perdonado y Saúl debía llevar a cabo esas muertes.

Lo mismo se requiere en Gálatas 5:24. En el idioma griego, el verbo para "han crucificado" es aoristo* activo indicativo, señalando que es ¡responsabilidad del cristiano *hacer la crucifixión*! El tiempo aoristo muestra que la acción se lleva a cabo en un punto del tiempo en particular. El modo indicativo es el modo de realidad o certeza. La muerte a la carne debe ser el grito de batalla de cada hijo de Dios.

"¿Pero, cómo?" te preguntas y "¿por qué?" Porque si no declaras que la carne ha muerto con sus pasiones y lascivias, te puede matar a ti. La carne se quedó con lo mejor de Saúl. Él no obedeció completamente a Dios. En lugar de destruir a cada amalecita y sus posesiones como Dios mandó, salvó lo mejor para sacrificarlo a Dios (1 Samuel 15:15). En lugar de destruir a Agag, rey de los amalecitas, lo trajo consigo cautivo. Eventualmente Saúl fue encontrado por un amalecita y puesto a muerte por sus manos. En 2 Samuel 1:6-10 puedes leer acerca del amalecita que mató a Saúl.

Esto es lo que vemos, leemos y escuchamos que está sucediendo en la cristiandad de estos días, porque la carne no fue crucificada — considerada constantemente muerta.

¿Cuándo estaremos de acuerdo con Dios y diremos: "Porque yo sé que en mí, es decir, en mi carne, no habita nada bueno" (Romanos 7:18)? ¿Cuándo determinaremos que andaremos por el Espíritu que mora dentro de cada creyente? ¿Cuándo reconoceremos que hay una guerra que pelear?

---

*   Aoristo es el pretérito indefinido de la conjugación griega que tiene varias formas.

Cuando Israel salió de Egipto y cruzó el Mar Rojo perseguido por los egipcios, y Moisés dijo: "Estén firmes y vean la salvación que el Señor hará hoy por ustedes."(Éxodo 14:13).

¡Eso fue salvación! Pero luego vino Amalec y entonces se les dijo: "sal a pelear contra Amalec." (Éxodo 17:9). Esto es guerra cristiana. Queremos la salvación, pero no la guerra.

¿Cuándo nos concentraremos en Su estandarte, la bandera de nuestro Jehová-nissí? Cierto, la batalla se produce entre la carne y el Espíritu, así como ocurrió entre Josué y Amalec en el valle de Refidim. Pero mira hacia arriba. Allá en el Monte de la Sión celestial está el Hijo de Dios con los brazos abiertos, eternamente vivo para interceder por ti (Hebreos 7:25). Todo el poder y la autoridad le han sido dados a él y lo que es suyo es tuyo. Tú eres coheredero con Cristo (Romanos 8:17). Por lo tanto, no tienes motivo ni excusa para ondear la bandera de la derrota. Mantente firme. "Fortalézcanse en el Señor y en el poder de su fuerza" (Efesios 6:10). Pelea la buena batalla (2 Timoteo 4:7). Por supuesto que hay una batalla, "Pero gracias a Dios, que en Cristo siempre nos lleva en triunfo" (2 Corintios 2:14).

Tú no estás solo en el campo de batalla: Mira al Señor, tu estandarte. También es Su batalla. Nota las palabras, "El Señor hará guerra contra Amalec de generación en generación" (Éxodo 17:16). Es la batalla del Señor y la victoria depende de que Su estandarte sea levantando. La carne se opone al Espíritu — el Espíritu de Dios que está morando en ti. ¿Qué parte tienes en todo esto? ¿Te has de sentar en los graderíos a comer golosinas, tomando refrescos y gritando de vez en cuando?

Pero tú, valiente guerrero, debes ponerte toda la armadura de Dios e ir al frente de la batalla. Bajo Su estandarte, la victoria siempre está asegurada. "y les dirá: Oye, Israel, hoy ustedes se acercan a la batalla contra sus enemigos; no desmaye su corazón; no teman ni se alarmen, ni se aterroricen delante de ellos, porque el Señor su Dios es el que va con ustedes, para pelear por ustedes contra sus enemigos, para salvarlos." (Deuteronomio 20:3-4).

¿Ves lo que Dios está tratando de mostrarnos en la batalla contra Amalec? Cuando Moisés levantó sus manos, Israel prevaleció. Cuando las bajó, Amalec prevaleció. ¿Y qué había en la mano de Moisés? La vara de Dios. La vara que se convirtió en serpiente y se tragó las varas de Faraón que se habían convertido en serpientes. La vara que hizo que el agua se convirtiera en sangre. La vara que trajo las plagas a la tierra de Egipto. La vara que dividió el Mar Rojo, la vara de Elohim[1], Aquel que habló y creó el mundo, Aquel que te creó para Su gloria. Elohim, Aquel que por Su poder puede sujetar todo lo que ha creado.

¡Que maravilloso! Es emocionante, ¿no es cierto? Podríamos seguir y seguir, pero quizás ya estés cansado o tu cabeza esté dando vueltas. Si es así, lee nuevamente toda la lección de hoy hasta que cada fibra de tu ser absorba toda esta bendita realidad.

Bajo el estandarte de Dios, la victoria siempre está asegurada, pero fuera de Él, la derrota es segura. Cuando no fue levantado el estandarte de la vara de Dios, Amalec prevaleció. No puedes luchar contra la carne con tus propias fuerzas. Esta verdad está claramente ilustrada para nosotros en Números 14:40-45. Primero déjanos dar el trasfondo de este pasaje. ¿Recuerdas cuando los doce espías de los hijos de Israel fueron a Canaán y diez de ellos trajeron un mal informe?

- NÚMEROS 13:32-14:4
  Y dieron un mal informe a los Israelitas de la tierra que habían reconocido, diciendo: "La tierra por la que hemos ido para reconocerla es una tierra que devora a sus habitantes, y toda la gente que vimos en ella son hombres de gran estatura. Vimos allí también a los gigantes (los hijos de Anac son parte de la raza de los gigantes); y a nosotros nos pareció que éramos como langostas; y así parecíamos ante sus ojos." Entonces toda la congregación levantó la voz y clamó, y el pueblo lloró aquella noche. Todos los Israelitas murmuraron contra Moisés y Aarón, y toda la congregación les dijo: "¡Ojalá hubiéramos muerto en la tierra de Egipto! ¡Ojalá hubiéramos muerto en este desierto! ¿Por qué nos trae el Señor a esta tierra para caer a espada? Nuestras mujeres y nuestros hijos van a caer cautivos. ¿No sería mejor que nos volviéramos a Egipto?" Y se decían unos a otros: "Nombremos un jefe y volvamos a Egipto."

Cuando Moisés les señaló el pecado de su incredulidad y les dijo las consecuencias — cuarenta años de peregrinación y morir en el desierto — entonces ellos decidieron que irían hacia Canaán.

- NÚMEROS 14:40-45

Y se levantaron muy de mañana y subieron a la cumbre del monte, y dijeron: "Aquí estamos; subamos al lugar que el SEÑOR ha dicho, porque hemos pecado." Pero Moisés dijo: "¿Por qué, entonces, quebrantan ustedes el mandamiento del SEÑOR, si esto no les saldrá bien? No suban, no sea que sean derribados delante de sus enemigos, pues el SEÑOR no está entre ustedes. Pues los Amalecitas y los Cananeos estarán allí frente a ustedes, y caerán a espada por cuanto se han negado a seguir al Señor. Y el SEÑOR no estará con ustedes." Pero ellos se obstinaron en subir a la cumbre del monte; mas ni el arca del pacto del Señor ni Moisés se apartaron del campamento. Entonces descendieron los Amalecitas y los Cananeos que habitaban en la región montañosa, y los hirieron y los derrotaron persiguiéndolos hasta Horma.

En este caso, los hijos de Israel fueron derrotados por los amalecitas porque Dios no iba con ellos. Si no aprendes ninguna otra cosa, aprende esto: "porque separados de Mí nada pueden hacer" (Juan 15:5). Solamente morando bajo el poder del estandarte, la insignia de tu Jehová-nissí, puedes tener victoria sobre la carne, el mundo y el diablo, tus enemigos y los enemigos de Dios.

Anhelamos ver la iglesia despierta y preparada para la batalla. Tememos por los que están atrás débiles y cansados (Deuteronomio 25:18), enredados en los negocios de esta vida (2 Timoteo 2:4) y que son presas vulnerables a los ataques de Amalec.

Recuerda: Saúl se apiadó de quien eventualmente lo mató con espada. Dios no hace acepción de personas. ¡Lo mismo te ocurrirá si no destruyes a Amalec y todo lo que le pertenece! Las excusas no te servirán de nada. No puedes culpar a otros como lo hizo Saúl. Es tu corona la que caerá de tu cabeza. ¿Qué necesitas que muera en ti?

Condúcete a la batalla y conoce que Cristo está ahí contigo, intercediendo en el monte santo de la Sión celestial. La victoria está por venir. "Y a Aquél que es poderoso para hacer todo mucho más abundantemente de lo que pedimos o entendemos, según el poder que obra en nosotros, a El sea la gloria en la iglesia y en Cristo Jesús por todas las generaciones, por los siglos de los siglos. Amén" (Efesios 3:20-21).

Escribe una oración de compromiso a la luz de lo que has visto esta semana.

VERSÍCULO PARA MEMORIZAR

Pero gracias a Dios, que en Cristo siempre nos lleva en triunfo, y que por medio de nosotros manifiesta la fragancia de Su conocimiento en todo lugar.

2 Corintios 2:14

PREGUNTAS PARA LA DISCUSIÓN EN GRUPOS PEQUEÑOS

1. Explica lo que significa Jehová-nissí.

2. En Éxodo 17, ¿en qué dos diferentes situaciones vemos a los hijos de Israel? ¿Cuáles son?

3. ¿Cuál era la actitud de los israelitas ante la situación de falta de agua?

4. ¿Por qué crees que tomaron esa actitud?

5. Asumiendo que Amalec sea un tipo de la carne, ¿qué características obtienes de tu estudio que describa la carne?

6. ¿Qué estrategia ves en Éxodo 17 para tratar con la carne?

7. ¿Cuál fue el papel de Jehová-nissí en la batalla?

8. ¿Qué ves como responsabilidad del cristiano en el trato con la carne? ¿Por qué?

9. ¿Cuál fue el fatal error de Saúl al tratar con Agag?

10. ¿Cómo has tratado con tu carne?

    a. ¿Con tu propia fuerza? ¿Cuál fue el resultado?

    b. ¿Has tratado con la carne bajo el estandarte de Jehová-nissí? ¿Cuál fue el resultado?

EL SEÑOR QUE NOS SANTIFICA

— *TRIGÉSIMO SEGUNDO DÍA* —

Puedes estudiar toda la vida y nunca terminar de minar todas las joyas de verdad escondidas en la Palabra de Dios.

¿Cómo podemos vender nuestras almas por oropeles, (cosas de mucha apariencia pero de poco valor), cuando la plata puede ser nuestra? ¿Cómo podemos llevar vestiduras de mendigos espirituales, cuando los cofres del Rey de reyes son nuestros con sólo pedirlos? Ay, iglesia, ¿por qué has pedido tu herencia para llevarla a un país lejano, derrocharla en los placeres temporales de este mundo y encontrarte comiendo las sobras de los cerdos cuando podrías estar cenando en la mesa del Rey?

¿Pueda ser que te estemos hablando a ti? Lo puedes saber por lo que es prioritario en tu vida ¡y a qué le entregas tu ser! ¿Cuán importante es la Palabra de Dios? ¿Cuán devoto eres para aprender de ella y vivir de cada palabra que sale de la boca de Dios (Deuteronomio 8:3)? ¿Te dan de comer en la boca o estás aprendiendo a alimentarte por ti mismo? ¿Coqueteas con el cristianismo o amas a Dios con todo tu corazón, con toda tu mente y con todas tus fuerzas?

El siguiente nombre de Dios que les fue revelado a los hijos de Israel fue *Jehová-mekaddishkem**, el Señor que los santifica.

Cuando los hijos de Israel "Salieron de Refidim, llegaron al desierto de Sinaí y acamparon en el desierto. Allí, delante del monte, acampó Israel. Moisés subió hacia Dios, y el Señor lo llamó desde el monte y le dijo: "Así dirás a la casa de Jacob y anunciarás a los Israelitas: 'Ustedes han visto lo que he hecho a los Egipcios, y cómo los he tomado sobre alas de águilas y los he traído a Mí.

---

*   Como se usa consonantes dobles en otras palabras, aquí lo más correcto sería "Mekaddishkem", "que nos santifica"

Ahora pues, si en verdad escuchan Mi voz y guardan Mi pacto, serán Mi especial tesoro entre todos los pueblos, porque Mía es toda la tierra. Ustedes serán para Mí un reino de sacerdotes y una nación santa.' Estas son las palabras que dirás a los Israelitas" (Éxodo 19:2-6).

Israel debió ser — como nosotros debemos ser — real sacerdocio, nación santa (1 Pedro 2:9). Por eso, Dios llevó a Su pueblo al Monte Sinaí, donde les dio el Pacto de la Ley y el modelo del tabernáculo donde ellos adorarían a su Dios. Estos mandamientos los separarían como un pueblo peculiar como posesión de Dios. Ellos vendrían a conocer a Jehová como Jehová-mekaddishkem, guardando el día de reposo.

- ÉXODO 31:12-18
  El Señor habló a Moisés y le dijo: "Habla, pues, tú a los Israelitas y diles: 'De cierto guardarán Mis días de reposo, porque esto es una señal entre Yo y ustedes por todas sus generaciones, a fin de que sepan que Yo soy el Señor que los santifico. Por tanto, han de guardar el día de reposo porque es santo para ustedes. Todo el que lo profane ciertamente morirá. Porque cualquiera que haga obra alguna en él, esa persona será cortada de entre su pueblo. Durante seis días se trabajará, pero el séptimo día será día de completo reposo, santo al Señor. Cualquiera que haga obra alguna en el día de reposo ciertamente morirá. Los Israelitas guardarán, pues, el día de reposo, celebrándolo por todas sus generaciones como pacto perpetuo.' Es una señal entre Yo y los Israelitas para siempre. Pues en seis días el Señor hizo los cielos y la tierra, y en el séptimo día cesó de trabajar y reposó." Cuando el Señor terminó de hablar con Moisés sobre el Monte Sinaí, le dio las dos tablas del testimonio, tablas de piedra, escritas por el dedo de Dios.

Las palabras *santificar, separar, consagrar, santo* vienen de las raíces comunes *qadash* en hebreo y *hagios* en griego. Por primera vez en la Palabra de Dios, el propósito y mandamiento para el día de reposo se da a conocer a los hijos de Israel. El día de reposo es una señal entre Dios e Israel por todas las generaciones. El propósito del día de reposo era: "a fin de que sepan que Yo soy el Señor que los santifico" (Éxodo 31:13) o "a fin de que sepan que Yo soy el Señor mekaddishkem". Así como Dios hizo que el día de reposo fuera santo para los hijos de Israel, de la misma manera hizo que los hijos de Israel fueran santos o apartados para Sí.

¿Cuál es el propósito de nuestra redención? Hacernos justos, santos. Sólo la santidad puede permanecer en la presencia del Dios Santo. Por lo tanto, Dios dice en Hebreos 12:14: "Busquen... la santidad, sin la cual nadie verá al Señor." ¡La santidad no es una opción, es un requisito! La observación constante del día de reposo semana tras semana, era recordar a los hijos de Israel que eran "LINAJE ESCOGIDO, REAL SACERDOCIO, NACIÓN SANTA, PUEBLO ADQUIRIDO PARA POSESIÓN DE DIOS" (1 Pedro 2:9). La seriedad de su santificación se notaba en el castigo dado a aquellos que no guardaban el día de reposo.

- ÉXODO 31:14-15
  Por tanto, han de guardar el día de reposo porque es santo para ustedes. Todo el que lo profane ciertamente morirá. Porque cualquiera que haga obra alguna en él, esa persona será cortada de entre su pueblo. Durante seis días se trabajará, pero el séptimo día será día de completo reposo, santo al Señor. Cualquiera que haga obra alguna en el día de reposo ciertamente morirá.

Como dijimos anteriormente, la santidad no era una opción, era parte de "una señal entre Yo y los Israelitas" (Éxodo 31:16-17). Así como Dios santificó a Israel, de la misma manera Él santifica a la iglesia. ¿Y cómo nos santifica?

Lee los siguientes pasajes y después de cada uno, escribe lo que enseñan acerca de nuestra santificación.

- HEBREOS 10:10-14
  Por esa voluntad hemos sido santificados mediante la ofrenda del cuerpo de Jesucristo ofrecida una vez para siempre. Ciertamente todo sacerdote está de pie, día tras día, ministrando y ofreciendo muchas veces los mismos sacrificios, que nunca pueden quitar los pecados. Pero Cristo, habiendo ofrecido un solo sacrificio por los pecados para siempre, se sentó a la diestra de Dios, esperando de ahí en adelante hasta que Sus enemigos sean puestos por estrado de Sus pies. Porque por una ofrenda El ha hecho perfectos para siempre a los que son santificados.

- JUAN 17:15-19

  No Te ruego que los saques del mundo, sino que los guardes del maligno. Ellos no son del mundo, como tampoco Yo soy del mundo. Santifícalos en la verdad; Tu palabra es verdad. Como Tú Me enviaste al mundo, Yo también los he enviado al mundo. Y por ellos Yo Me santifico, para que ellos también sean santificados en la verdad.

- 1 TESALONICENSES 4:3-8

  Porque ésta es la voluntad de Dios: su santificación; es decir, que se abstengan de inmoralidad sexual; que cada uno de ustedes sepa cómo poseer su propio vaso en santificación y honor, no en pasión degradante, como los Gentiles que no conocen a Dios. Que nadie peque ni defraude a su hermano en este asunto, porque el Señor es el vengador en todas estas cosas, como también antes les dijimos y advertimos solemnemente. Porque Dios no nos ha llamado a impureza, sino a santificación. Por tanto, el que rechaza esto no rechaza a un hombre, sino al Dios que les da a ustedes Su Espíritu Santo.

- 1 TESALONICENSES 5:23
  Y que el mismo Dios de paz los santifique por completo; y que todo su ser, espíritu, alma y cuerpo, sea preservado irreprensible para la venida de nuestro Señor Jesucristo.

- EFESIOS 5:25-27
  Maridos, amen a sus mujeres, así como Cristo amó a la iglesia y se dio El mismo por ella, para santificarla, habiéndola purificado por el lavamiento del agua con la palabra, a fin de presentársela a sí mismo, una iglesia en toda su gloria, sin que tenga mancha ni arruga ni cosa semejante, sino que fuera santa e inmaculada.

- 2 PEDRO 1:4
  ...Por ellas El nos ha concedido Sus preciosas y maravillosas promesas, a fin de que ustedes lleguen a ser partícipes de la naturaleza divina, habiendo escapado de la corrupción que hay en el mundo por causa de los malos deseos.

Ahora mira Levítico 20:7-8. Tenemos algunos comentarios y luego algunas preguntas para ti.

- LEVÍTICO 20:7-8
  Santifíquense, pues, y sean santos, porque Yo soy el Señor su Dios. Guarden Mis estatutos y cúmplanlos. Yo soy el Señor que los santifico.

Aquí vemos otra vez Su nombre Jehová-mekaddishkem. Levítico es el libro que le dice a los hijos de Israel cómo adorar a su Dios. Su tema es la santificación del pueblo de Dios, una santificación que afecta la manera en que andan, viven y adoran. La redención no es nuestro fin, por el contrario, es la santificación la que nos prepara para la glorificación.

Una vez que el pueblo de Dios es redimido como se ve en Éxodo, debe avanzar hacia la santificación como lo vemos en Levítico. No puede haber ninguna santificación sin redención. Sin embargo, la redención siempre produce santificación — de una u otra forma. La muerte de Cristo nos provee nuestra redención, puesto que "sin derramamiento de sangre no hay perdón" de pecados (Hebreos 9:22). La resurrección de Cristo nos provee la capacidad para andar en vida nueva por medio del don del Espíritu Santo que nos hace libres de la ley del pecado y de la muerte (Romanos 6:4 y 8:2-4). De manera que el Dios que santificó a Israel es el Dios que santifica a la iglesia.

Escribe tus respuestas a las siguientes preguntas.

1. De acuerdo con los pasajes que has leído hoy, ¿cómo es santificada la iglesia?

2. ¿Cómo fue santificado Israel?

3. ¿Qué partes de tu ser deben ser santificadas?

4. ¿Cuándo comenzó tu santificación y quién la empezó?

5. ¿Cómo continúa tu santificación? ¿Por quién?

6. ¿Estás buscando activamente la santidad? Haz una lista de la forma específica en que lo estás haciendo.

7. ¿Puedes vivir realmente una vida santa separado de la Palabra de Dios? ¿La estás estudiando? ¿Por qué no lo haces con los estudios de Precepto Sobre Precepto? Esto te transformaría. (Para más información de nuestros cursos bíblicos de Precepto, por favor mira la información en la última página del libro).

Jehová-mekaddishkem ha dicho: "Sean ustedes santos, porque Yo, el Señor, soy santo, y los he apartado de los pueblos para que sean Míos" (Levítico 20:26).

¿Qué le dirás a Él?

VERSÍCULO PARA MEMORIZAR

Guarden Mis estatutos y cúmplanlos. Yo soy el Señor que los santifico.

LEVÍTICO 20:8

PREGUNTAS PARA LA DISCUSIÓN EN GRUPOS PEQUEÑOS

1. Define a Jehová-mekaddishkem.

2. ¿Cuál fue la señal entre Dios e Israel indicando que era Jehová mekaddishkem? ¿Por qué existió esto?

3. ¿Cuál era el propósito del día de reposo para los hijos de Israel?

4. ¿Qué has aprendido sobre tu relación con Jehová-mekaddishkem?

5. Si El Señor es tu justicia, ¿cómo afecta esto tu vida?

6. ¿Cuán importante es la santidad en tu vida? Mira Hebreos 12:14.

7. ¿Estás apartado? Si es así, ¿de qué? ¿Cómo se diferencia tu vida de aquellos que no conocen a Cristo?

capítulo 13

EL SEÑOR
ES PAZ

— *TRIGÉSIMO TERCER DÍA* —

En las horas oscuras de la historia de Israel, Dios se reveló a Si Mismo a Gedeón como Jehová-shalom, el Señor es paz. Gedeón era un joven cuya familia era pobre en Manasés. Las cosas iban mal. "Así fue empobrecido Israel en gran manera por causa de Madián" (Jueces 6:6).

Entonces los Israelitas hicieron lo malo ante los ojos del Señor, y el Señor los entregó en manos de Madián por siete años. Y el poder de Madián prevaleció sobre Israel. Por causa de los Madianitas, los Israelitas se hicieron escondites en las montañas y en las cavernas y en los lugares fortificados. Porque sucedía que cuando los hijos de Israel sembraban, los Madianitas venían con los Amalecitas y los hijos del oriente y subían contra ellos. Acampaban frente a ellos y destruían el producto de la tierra hasta Gaza, y no dejaban sustento alguno en Israel, ni oveja, ni buey, ni asno. Porque subían con su ganado y sus tiendas, y entraban como langostas en multitud. Tanto ellos como sus camellos eran innumerables, y entraban en la tierra para devastarla (Jueces 6:1-5).

Cuando los tiempos son difíciles y la situación desesperada, finalmente anhelamos la paz de Dios. Entonces la ansiamos. Nuestra salud depende de ello. El temor se apodera de nosotros, temblando, caminando a tientas por la oscuridad, anhelando la paz y seguridad que todo estará bien. Pero, el temor que viene de las circunstancias de esta vida, no es nada comparado al temor que puede venir cuando nos encontremos cara a cara con Dios.

Algún día compareceremos delante de Dios uno por uno. Cristianos y no cristianos daremos cuentas de la manera en que hemos vivido. Los perdidos serán juzgados en el Gran Trono Blanco (Apocalipsis 20:11-15). Los cristianos compareceremos ante el Tribunal de Cristo: "Porque todos nosotros debemos comparecer ante el tribunal de Cristo, para que cada uno sea recompensado por sus hechos estando en el cuerpo, de acuerdo con lo que hizo, sea bueno o sea malo" (2 Corintios 5:10). "Pero tú, ¿por qué juzgas a tu hermano? O también, tú, ¿por qué desprecias a tu hermano? Porque todos compareceremos ante el tribunal de Dios. Porque está escrito: "Vivo yo, dice el Señor, que ante Mí se doblara toda rodilla, y toda lengua alabara a Dios." De modo que cada uno de nosotros dará a Dios cuenta de sí mismo." (Romanos 14:10-12).

Gedeón no sintió temor hasta que se dio cuenta que había visto cara a cara al ángel del Señor. "Al ver Gedeón que era el ángel del Señor, dijo: "¡Ay de mí, Señor Dios! Porque ahora he visto al ángel del Señor cara a cara." Y el Señor le dijo: "La paz sea contigo. No temas; no morirás." Y Gedeón edificó allí un altar al Señor y lo llamó El Señor es Paz, el cual permanece en Ofra de Abiezer hasta hoy." (Jueces 6:22-24). ¡Qué bien llamó Gedeón al altar! La verdadera paz no se puede encontrar a menos que tengamos una buena relación con Dios.

Toma un momento para leer los siguientes pasajes y anota bajo cada uno de ellos lo que aprendes acerca de la paz y su relación con Dios.

- LEVÍTICO 26:2-6
  Guardarán Mis días de reposo, y tendrán en reverencia Mi santuario. Yo soy el Señor. Si andan en Mis estatutos y guardan Mis mandamientos para ponerlos por obra, Yo les daré lluvias en su tiempo, de manera que la tierra dará sus productos, y los árboles del campo darán su fruto. Ciertamente, su trilla les durará hasta la vendimia, y la vendimia hasta el tiempo de la siembra. Comerán, pues, su pan hasta que se sacien y habitarán seguros en su tierra. Daré también paz en la tierra, para que duerman sin que nadie los atemorice. Asimismo eliminaré las fieras dañinas de su tierra, y no pasará espada por su tierra.

- NÚMEROS 6:22-27
Entonces el Señor dijo a Moisés: "Habla a Aarón y a sus hijos, y diles: 'Así bendecirán a los Israelitas. Les dirán: El Señor te bendiga y te guarde; El Señor haga resplandecer Su rostro sobre ti, Y tenga de ti misericordia; El Señor alce sobre ti Su rostro, Y te dé paz.' Así invocarán Mi nombre sobre los Israelitas, y Yo los bendeciré."

- JEREMÍAS 29:11
Porque Yo sé los planes que tengo para ustedes,' declara el Señor 'planes de bienestar y no de calamidad, para darles un futuro y una esperanza.

- ISAÍAS 48:18
¡Si tan sólo hubieras atendido a Mis mandamientos! Entonces habría sido tu paz como un río, y tu justicia como las olas del mar.

- ISAÍAS 26:3
Al de firme propósito guardarás en perfecta paz, porque en Ti confía.

- SALMO 119:165
  Mucha paz tienen los que aman Tu ley, y nada los hace tropezar.

- FILIPENSES 4:4-7
  Regocíjense en el Señor siempre. Otra vez lo diré: ¡Regocíjense! La bondad de ustedes sea conocida de todos los hombres. El Señor está cerca. Por nada estén afanosos; antes bien, en todo, mediante oración y súplica con acción de gracias, sean dadas a conocer sus peticiones delante de Dios. Y la paz de Dios, que sobrepasa todo entendimiento, guardará sus corazones y sus mentes en Cristo Jesús.

- FILIPENSES 4:8-9
  Por lo demás, hermanos, todo lo que es verdadero, todo lo digno, todo lo justo, todo lo puro, todo lo amable, todo lo honorable, si hay alguna virtud o algo que merece elogio, en esto mediten. Lo que también han aprendido y recibido y oído y visto en mí, esto practiquen, y el Dios de paz estará con ustedes.

En Isaías 9:6, Dios le dio a Su pueblo una promesa maravillosa: "Porque un Niño nos ha nacido, un Hijo nos ha sido dado, y la soberanía reposará sobre Sus hombros. Y se llamará Su nombre Admirable Consejero, Dios Poderoso, Padre Eterno, Príncipe de Paz." (Isaías 9:6). Aquí Él es Jesús, nuestro *Jehová-shalom,* el príncipe de paz, el que nos reconcilia con Dios, quien nos permite comparecer ante Él cara a cara sin temor. "Por tanto, habiendo sido justificados por la fe, tenemos paz para con Dios por medio de nuestro Señor Jesucristo" (Romanos 5:1).

Él nos da la paz que no cambia a pesar de las circunstancias, porque la paz que nos da está siempre morando en el Único que prometió: "Nunca te dejare ni te desamparare," de manera que decimos confiadamente: "El Señor es el que me ayuda; no temere. ¿Que podra hacerme el hombre?" (Hebreos 13:5-6).

Por lo tanto, cuando otros flaquean por el miedo, "...nos gloriamos en las tribulaciones, sabiendo que la tribulación produce paciencia; y la paciencia, carácter probado; y el carácter probado, esperanza. Y la esperanza no desilusiona, porque el amor de Dios ha sido derramado en nuestros corazones por medio del Espíritu Santo que nos fue dado" (Romanos 5:3-5).

"Porque no nos ha dado Dios espíritu de cobardía, sino de poder, de amor y de dominio propio" (2 Timoteo 1:7). Por lo tanto, Él dice: "La paz les dejo, Mi paz les doy; no se la doy a ustedes como el mundo la da. No se turbe su corazón ni tenga miedo" (Juan 14:27).

Amado, ¿a dónde corres cuando necesitas paz? La paz solamente se encuentra en Jehová-shalom. "Al de firme propósito guardarás en perfecta paz, porque en Ti confía." (Isaías 26:3). Si no tienes paz, no estás lleno del Espíritu Santo, puesto que el fruto del Espíritu es: amor, gozo y paz (Gálatas 5:22). Por lo tanto, permanece en Él y sé lleno del Espíritu Santo (Efesios 5:18).

"El Dios de paz sea con todos ustedes. Amén" (Romanos 15:33).

VERSÍCULO PARA MEMORIZAR

La paz les dejo, Mi paz les doy; no se la doy a ustedes como el mundo la da. No se turbe su corazón ni tenga miedo.

Juan 14:27

PREGUNTAS PARA LA DISCUSIÓN EN GRUPOS PEQUEÑOS

1. ¿Qué clase de paz da Jehová-shalom?

2. De acuerdo al estudio, ¿cómo caminas con Jehová-shalom?

3. En términos prácticos, ¿cómo mantienes la paz?

4. ¿Estás habitualmente caminando en paz? Si no, ¿qué temor te está impidiendo tener Su paz? ¿Puedes pensar en algún nombre de Dios que cubra ese temor?

EL SEÑOR
DE LOS EJÉRCITOS

— TRIGÉSIMO CUARTO DÍA —

Con frecuencia pensamos en nuestros hermanos y hermanas en Cristo que han vivido bajo la mano de hierro del comunismo. ¿Qué les hizo mantener su cristianismo siendo pisoteados amenazados y siendo objeto de atrocidades por gobiernos ateos?

¿Has leído sus historias y te has preguntado cómo lo soportaron? ¿Te has preguntado si hubieras perseverado ante la persecución? ¿Por qué te lo preguntas? ¿Por qué dudas de la fuerza de tu compromiso con Jesucristo? Supongo que se debe a que nunca has estado en una posición como la de ellos.

Nunca te ha costado ser un seguidor de Jesucristo. Entonces cuando tratas de imaginarte cómo reaccionarías, solo puedes ¡mirar a tus propias debilidades y supones que fracasarías! Ahora asumes que si has tenido dificultad para testificar de Cristo — viviendo en una sociedad como la nuestra — ¡no permanecerías mucho en una sociedad adversa!

Si ya te quedan pocas fuerzas y necesitas liberarte, puedes buscar refugio en un lugar poco común para ti. Puedes dirigirte a *Jehová-tsebaot**, el Señor de los ejércitos.

Cuando parecía no haber otro recurso para la liberación, los hijos de Israel llegaron a conocer a Dios como Jehová-tsebaot.

El nombre Jehová-tsebaot no es usado sino hasta el libro de 1 Samuel. Luego, en dos de los tres casos, es usado por individuos. Aparentemente durante ese tiempo en su historia, Israel no veía la necesidad de clamar a Él como Señor de los ejércitos. Pero, cuando leemos a los profetas Isaías,

---

*   "Tsebaot". En algunos sistemas de transliteración, la primera consonante se translitera como "s", pero el sistema usado aquí es más exacto, pues en el nombre siguiente, por lo menos, se ha usado "ts" para transliterar la consonante. La primera vocal no es "a" sino "e".

Jeremías, Amós, Hageo, Zacarías y Malaquías, encontramos este nombre para Dios, usado repetidamente. Aparece cincuenta y dos veces en los catorce capítulos de Zacarías y ochenta y tres veces en los cincuenta y dos capítulos de Jeremías.

¿Por qué se refieren tan frecuentemente a Dios como Jehová de los ejércitos en Isaías y Jeremías y no en Ezequiel? Porque este es el nombre de Dios que pertenece a un cierto tiempo en la experiencia del pueblo de Dios. Es el nombre de Dios para los casos extremos del hombre.

Muy a menudo, no es hasta que nos encontramos débiles e impotentes que nos damos cuenta de nuestra necesidad de correr a nuestro Jehová-tsebaot. Este es un nombre para aquellos que encuentran sus recursos inadecuados en medio de una lucha. Este es el nombre de Dios para correr cuando no hay otra ayuda desde nuestro punto de vista.

Este nombre no es para aquellos que han cesado de pelear. Por lo tanto, no lo encontrarás en Ezequiel. En los días de Ezequiel, el pueblo de Dios estuvo cautivo por setenta años.

Desde la perspectiva de Dios, es un nombre que le recuerda a Su pueblo exactamente quién es Él — no solamente el Único que liberta, sino también el Único que juzga. Por eso, vemos a Dios en el libro de Malaquías, recordando a Su pueblo una y otra vez que Su nombre es Jehová-tsebaot: No me complazco en ustedes," dice el Señor de los ejércitos... porque yo soy Gran Rey, dice Jehová de los ejércitos, y mi nombre es temible entre las naciones (Malaquías 1:10, 14).

En Malaquías, veintidós de las veinticuatro veces que se usa este nombre, aparecen en la frase "dice Jehová de los ejércitos", indicando una palabra que viene directamente de Dios. Malaquías fue escrito para un pueblo que honraba a Dios con sus labios y no con sus vidas. Una vez más, vemos las debilidades del hombre. Dios quería que lo vieran como Jehová de los ejércitos y que doblaran sus rodillas.

Este nombre de Dios enfrenta al fracaso y ofrece liberación. No olvides esto, porque: "El nombre del Señor es torre fuerte, a ella corre el justo y está a salvo." (Proverbios 18:10). Es un nombre que evita que confíes en carros y caballos (Salmo 20:7). ¡Quién los necesita cuando el nombre de su Dios es Jehová de los ejércitos!

Veamos algunos pasajes donde este nombre de Dios es usado. Después de cada uno, escribe tus observaciones acerca de cómo Jehová-tsebaot aparece en las circunstancias descritas.

Las primeras dos veces que vemos el nombre de Jehová-tsebaot es en 1 Samuel 1:3-11. Este incidente ocurrió en los últimos días de los jueces. En los días de Samuel, el último juez, encontramos una transición en la historia de Israel de una teocracia a una monarquía.[1]

- **1 SAMUEL 1:1-3**
  Había un hombre de Ramataim de Zofim, de la región montañosa de Efraín, que se llamaba Elcana, hijo de Jeroham, hijo de Eliú, hijo de Tohu, hijo de Zuf, el Efrateo. Elcana tenía dos mujeres: el nombre de una era Ana y el de la otra Penina. Penina tenía hijos, pero Ana no los tenía. Todos los años aquel hombre subía de su ciudad para adorar y ofrecer sacrificio al SEÑOR de los ejércitos en Silo. Allí los dos hijos de Elí, Ofni y Finees, eran sacerdotes del SEÑOR.

El hecho que Dios había cerrado la matriz de Ana, daba lugar a Penina, la otra esposa de Elcana, de angustiar a Ana.

- **1 SAMUEL 1:6-7, 10-11**
  Su rival, Penina, la provocaba amargamente para irritarla, porque el Señor no le había dado hijos. Esto sucedía año tras año; siempre que ella subía a la casa del Señor, Penina la provocaba, por lo que Ana lloraba y no comía... ella, muy angustiada, oraba al Señor y lloraba amargamente. Entonces hizo voto y dijo: "Oh Señor de los ejércitos, si Te dignas mirar la aflicción de Tu sierva, Te acuerdas de mí y no Te olvidas de Tu sierva, sino que das un hijo a Tu sierva, yo lo dedicaré al Señor por todos los días de su vida y nunca pasará navaja sobre su cabeza."

Dios respondió esa oración y le dio a Ana un hijo, Samuel.

El cuarto uso de Jehová-tsebaot en 1 Samuel ocurre cuando David enfrenta al gigante filisteo, Goliat. (Veremos más adelante el tercer uso de Jehová-tsebaot. En este punto, no estamos siguiendo el orden cronológico porque el tercer uso se relaciona con una nación y no a un individuo).

• 1 SAMUEL 17:42-47

Cuando el Filisteo miró y vio a David, lo tuvo en poco porque era un muchacho, rubio y bien parecido. Y el Filisteo dijo a David: "¿Acaso soy un perro, que vienes contra mí con palos?" Y el Filisteo maldijo a David por sus dioses. También dijo el Filisteo a David: "Ven a mí, y daré tu carne a las aves del cielo y a las fieras del campo." Entonces dijo David al Filisteo: "Tú vienes a mí con espada, lanza y jabalina, pero yo vengo a ti en el nombre del Señor de los ejércitos, el Dios de los escuadrones de Israel, a quien tú has desafiado. El Señor te entregará hoy en mis manos, y yo te derribaré y te cortaré la cabeza. Y daré hoy los cadáveres del ejército de los Filisteos a las aves del cielo y a las fieras de la tierra, para que toda la tierra sepa que hay Dios en Israel, y para que toda esta asamblea sepa que el Señor no libra ni con espada ni con lanza; porque la batalla es del Señor y El los entregará a ustedes en nuestras manos."

Ambos, Ana y David, proclamaron a Jehová de los ejércitos y encontraron liberación. La liberación está allí también para ti — cualquiera que sea tu situación hoy. Pero Su nombre no puede ser usado como una especie de medicina mágica curalotodo. Recuerda: "El nombre del Señor es torre fuerte,

A ella corre el justo y está a salvo" (Proverbios 18:10).

Cuando vemos la tercera aparición de Jehová-tsebaot en 1 Samuel, encontramos a los israelitas en conflicto con los filisteos.

- 1 SAMUEL 4:3-4

Cuando el pueblo volvió al campamento, los ancianos de Israel dijeron: "¿Por qué nos ha derrotado hoy el Señor delante de los Filisteos? Tomemos con nosotros, de Silo, el arca del pacto del Señor, para que vaya en medio de nosotros y nos libre del poder de nuestros enemigos." El pueblo envió gente a Silo, y trajeron de allí el arca del pacto del Señor de los ejércitos que está sobre los querubines. Los dos hijos de Elí, Ofni y Finees, estaban allí con el arca del pacto de Dios.

El pueblo de Dios pensó que todo lo que necesitaba era la presencia del arca del pacto de Jehová de los ejércitos. Verdaderamente la salvación vendría de Jehová-tsebaot. Pero estaban equivocados. La religión no libera — solamente la justicia salva.

- 1 SAMUEL 4:10-11

Los Filisteos pelearon, Israel fue derrotado y cada cual huyó a su tienda; la mortandad fue muy grande, pues de Israel cayeron 30,000 soldados de a pie. El arca de Dios fue capturada, y murieron Ofni y Finees, los dos hijos de Elí.

¿Lo ves? ¿Lo entiendes? Su nombre está ahí como una torre fuerte para que nosotros podamos invocarle, pero no podemos hacer mal uso de él. Si queremos la salvación, debemos venir a Él en justicia.

Pero, tú dirás, "yo no tengo justicia". Tienes razón, en nosotros mismos no la hay. Pero Su justicia está disponible para nosotros, porque Él es Jehová-tsidkenu, el Dios de nuestra justicia. Pronto estudiaremos ese tema, pero hasta ese momento: "Así dice el Señor de los ejércitos: "¡Consideren bien sus caminos!". (Hageo 1:7).

¿Soportarías si tuvieras que sufrir físicamente por tu fe? Por supuesto que sí, ya que el nombre de Dios es Jehová de los ejércitos..."El nombre del Señor es torre fuerte, a ella corre el justo y está a salvo." (Proverbios 18:10).

"Pero el SEÑOR está conmigo como campeón temible; por tanto, mis perseguidores tropezarán y no prevalecerán. Quedarán muy avergonzados, pues no triunfaron, tendrán afrenta perpetua que nunca será olvidada. Oh SEÑOR de los ejércitos, que pruebas al justo, que ves las entrañas y el corazón, vea yo Tu venganza sobre ellos, pues a Ti he encomendado mi causa. Canten al SEÑOR, alaben al SEÑOR, porque ha librado el alma del pobre de manos de los malvados" (Jeremías 20:11-13).

"El SEÑOR de los ejércitos está con nosotros; Nuestro baluarte es el Dios de Jacob." (Salmo 46:7).

VERSÍCULO PARA MEMORIZAR

El SEÑOR de los ejércitos está con nosotros; Nuestro baluarte es el Dios de Jacob.

SALMO 46:7

PREGUNTAS PARA LA DISCUSIÓN EN GRUPOS PEQUEÑOS

1. Jehová-tsebaot es el Dios de los ejércitos. ¿Qué significa esto?
2. ¿Por qué piensas que Dios hace referencia a Su nombre en Isaías y Jeremías y no en Ezequiel?
3. Si tuvieras que describir la virtud más fuerte de Jehová-tsebaot, ¿cuál dirías que es?
4. ¿Cuál es el prerrequisito para llamarlo Jehová-tsebaot? ¿Por qué?
5. ¿Puedes pensar en alguna vez cuando hubieras deseado conocer esta verdad acerca de Dios? ¿Cuándo?
6. ¿Cómo usó David este nombre de Dios?
7. ¿En qué clase de situación puedes ver que es muy valioso conocer este nombre?

EL SEÑOR ES
MI PASTOR

— TRIGÉSIMO QUINTO DÍA —

Alguna vez te has preguntado cómo puede ser que alguien como tú haya sobrevivido como lo has hecho? Nosotros si nos lo hemos preguntado. Una vez dijimos a alguien, que ibamos a escribir un libro con el título *¡Cómo tener éxito a pesar de haber fracasado!* Hay momentos cuando pensamos ¿cómo puede alguien como nosotros tener éxito?

Sin embargo, esos pensamientos no nos dañan, porque sabemos de dónde viene el éxito. Es maravilloso evaluarse honestamente, sin atenerse a los hechos. ¿Cómo lo hacemos? Viendo más allá de lo qué somos; viendo lo que Dios es y lo que significa para nosotros.

¿Sabes que hemos descubierto? No importa quienes somos solamente importa quién es Él. Porque ¡Él es todo lo que necesitamos! Él es nuestro *Jehová-raá**, El Señor pastorea. Y puesto que Jehová es nuestro pastor, "nada nos faltará".

¡Qué maravillosa revelación nos dio el Espíritu de Dios cuando pronunció esas palabras por medio de la mano de David! Es mucho mejor aferrarse a los preceptos de Dios que a máximas o al positivismo, porque Dios ha engrandecido Su Palabra conforme a Su nombre sobre todas las cosas (Salmo 138:2).

¿Puedes ver la diferencia? Aunque parezca sutil, hay una diferencia entre lo natural y lo espiritual, entre nuestros caminos y Sus caminos. El positivismo es humanista. Aún cuando de labios parece servir a Dios, sigue poniendo al hombre en el centro de todo. Ellos dicen: "Cree en ti mismo, tú puedes hacerlo".

---

* Jehová-raá significa "El Señor pastorea". "El Señor es mi pastor" sería "Jehová-roí". Un problema con el sistema de transliteración usada aquí es que "mi pastor" se escribe igual a "que me ve". Eso se debe a que en "mi pastor" hay una consonante hebrea entre las dos vocales llamada "ayin", que hoy en día no se pronuncia y en "que me ve" hay otra consonante hebrea entre las dos vocales llamada "alef", que tampoco se pronuncia hoi en día. Muchas veces, como en este documento, estas consonantes se omiten en las transliteraciones. Generalmente se escribren solo en transliteraciones para escritos académicos.

Pero la Palabra de Dios dice: "Porque el querer está presente en mí, pero el hacer el bien, no" (Romanos 7:18) y más adelante dice: "porque separados de Mí nada pueden hacer" (Juan 15:5). Por esta razón, en lugar de creer en nosotros mismos, vemos nuestra pobreza y regresamos a Sus preceptos. Con nuestra fe firmemente cimentada en Dios y en todo lo que Él es, decimos: "Todo lo puedo en Cristo que me fortalece" (Filipenses 4:13). Esta es una creencia bíblica, porque nosotros creemos lo que Dios dice.

¿Qué piensa Dios sobre nosotros? Muchas cosas — y todas ellas son preciosas. "¡Cuán preciosos también son para mí, oh Dios, Tus pensamientos! ¡Cuán inmensa es la suma de ellos! Si los contara, serían más que la arena; Al despertar aún estoy contigo" (Salmo 139:17-18). Sin embargo, Sus pensamientos están basados en una honesta evaluación de cómo somos.

Nosotros somos como ovejas. Una y otra vez Dios se refiere a nosotros como tales: "Todos nosotros nos descarriamos como ovejas" (Isaías 53:6). "Mis ovejas oyen Mi voz" (Juan 10:27). "... somos ovejas de Su prado" (Salmo 100:3). "Yo mismo buscaré Mis ovejas y velaré por ellas" (Ezequiel 34:11). "Apacienta Mis ovejas" (Juan 21:17).

Todas las máximas positivistas del mundo no pueden cambiar el hecho que las ovejas son ovejas. Lo que hace la diferencia es el pastor.

Las ovejas son las más insensatas de todos los animales. Son indefensas, tímidas y débiles. Ellas requieren atención constante y un cuidado minucioso. Las ovejas tienen pocos medios de defensa:

Si las ovejas no tienen el constante cuidado de un pastor, irán por el camino equivocado sin darse cuenta de los peligros que las rodean. Ellas seguirán pastando en el mismo lugar a menos que el pastor las guíe a nuevos pastos. Si ellas no son llevadas a los pastos o prados apropiados, obviamente comerán o beberán cosas desastrosas para ellas. Las ovejas fácilmente caen presas de los depredadores y cuando lo hacen, quedan virtualmente indefensas. También pueden llegar a ser abatidas y en ese estado, entrar en pánico y morir. Y, debido a que las ovejas son ovejas, necesitan pastores que las cuiden.[1]

¿Puedes entender ahora por qué a veces se les menciona como "ovejas tontas"? ¿Por qué las creó Dios de esa forma? Creemos que tuvo un doble propósito. Primero, para mostrarnos nuestra total y absoluta pobreza de espíritu; y segundo, mostrarnos nuestra necesidad de un pastor.

El bienestar de las ovejas depende solamente del cuidado que tienen del pastor. Por lo tanto, cuanto mejor sea el pastor, más saludables estarán las ovejas. Cuando veas ovejas débiles, enfermizas e infectadas por pestes, puedes estar seguro que su pastor en realidad no las cuida.

¿Cómo es nuestro Gran Pastor? Aprende eso y entenderás por qué puedes decir confiadamente: Jehová es mi pastor, nada me faltará. Créelo y conocerás una vida de perfecto descanso.[2]

Aunque hagamos cosas tontas, aunque pensemos que no somos perfectos, aunque tropecemos de muchas maneras (Santiago 3:2), nosotros podemos alcanzar el éxito porque Jehová es nuestro Pastor. Dios nos diseñó como somos para que pudiésemos ver nuestra necesidad de Él. En Él encontramos todo lo que necesitamos. Por eso, podemos decir con total confianza y convicción: "El SEÑOR es mi pastor, nada me faltará" (Salmo 23:1).

¿Recuerdas lo que te enseñamos sobre cómo observar los pasajes en el capítulo 10? Hoy queremos que trates de observar algunos versículos seleccionados de Juan 10. Haz todo lo que puedas hoy. Mañana trabajaremos más en ello.

Mientras observas:
1. Marca las palabras o frases clave repetidas.

2. Nota cualquier contraste, comparación, términos de conclusión y/o expresiones de tiempo.

3. No olvides el uso de las seis preguntas básicas: ¿Quién? ¿Qué? ¿Cómo? ¿Cuándo? ¿Dónde? ¿Por qué?

4. En el margen derecho del libro, haz una lista con todo lo que aprendes del texto acerca de:
   a. Las ovejas

    b. El pastor

    c. El ladrón

    d. Jesús

    e. El Padre

5. Si tienes tiempo, elige un versículo favorito y memorízalo.

- JUAN 10:1-17,26-33

¹ "En verdad les digo, que el que no entra por la puerta en el redil de las ovejas, sino que sube por otra parte, ése es ladrón y salteador.

² Pero el que entra por la puerta, es el pastor de las ovejas.

³ A éste le abre el portero, y las ovejas oyen su voz; llama a sus ovejas por nombre y las conduce afuera.

⁴ Cuando saca todas las suyas, va delante de ellas, y las ovejas lo siguen porque conocen su voz.

⁵ Pero a un desconocido no seguirán, sino que huirán de él, porque no conocen la voz de los extraños."

⁶ Jesús les habló por medio de esta comparación (ilustración), pero ellos no entendieron qué era lo que les decía.

⁷ Entonces Jesús les dijo de nuevo: "En verdad les digo: Yo soy la puerta de las ovejas.

⁸ Todos los que vinieron antes de Mí son ladrones y salteadores, pero las ovejas no les hicieron caso.

⁹ Yo soy la puerta; si alguno entra por Mí, será salvo; y entrará y saldrá y hallará pasto.

¹⁰ El ladrón sólo viene para robar, matar y destruir. Yo he venido para que tengan vida, y para que la tengan en abundancia.

¹¹ "Yo soy el buen pastor; el buen pastor da Su vida por las ovejas.

¹² Pero el que es un asalariado y no un pastor, que no es el dueño de las ovejas, ve venir al lobo, abandona las ovejas y huye, entonces el lobo las arrebata y las dispersa.

¹³ El asalariado huye porque sólo trabaja por el pago y no le importan las ovejas.

¹⁴ Yo soy el buen pastor, y conozco Mis ovejas y ellas Me conocen,

¹⁵ al igual que el Padre Me conoce y Yo conozco al Padre, y doy Mi vida por las ovejas.

¹⁶ Tengo otras ovejas que no son de este redil; a ésas también Yo debo traerlas, y oirán Mi voz, y serán un rebaño con un solo pastor.

¹⁷ Por eso el Padre Me ama, porque Yo doy Mi vida para tomarla de nuevo.

²⁶ Pero ustedes no creen porque no son de Mis ovejas.

²⁷ Mis ovejas oyen Mi voz; Yo las conozco y Me siguen.

²⁸ Yo les doy vida eterna y jamás perecerán, y nadie las arrebatará de Mi mano.

²⁹ Mi Padre que Me las dio es mayor que todos, y nadie las puede arrebatar de la mano del Padre.

³⁰ Yo y el Padre somos uno."

³¹ Los Judíos volvieron a tomar piedras para tirárselas.

³² Entonces Jesús les dijo: "Les he mostrado muchas obras buenas que son del Padre. ¿Por cuál de ellas Me apedrean?"

³³ Los Judíos Le contestaron: "No Te apedreamos por ninguna obra buena, sino por blasfemia; y porque Tú, siendo hombre, te haces Dios."

Ahora una última pregunta: ¿Cómo te ha hablado Dios hoy?

— *TRIGÉSIMO SEXTO DÍA* —

El Salmo 23 resume una de las grandes verdades relacionadas con lo que significa ser un hijo de Dios: "El Señor es mi pastor, nada me faltará."

El resto del salmo describe por qué. Lee todo el salmo impreso a continuación y haz una lista bajo todo lo que hace Jehová-raá por Sus ovejas.

Mientras lees, fíjate en la frase "por amor de Su nombre". Como tu Pastor, Su reputación está en juego y Él no puede fallar. Recuerda, Dios ha engrandecido Su nombre y Su palabra sobre todas las cosas. (Salmo 138:2). La palabra de Dios es firme, porque Dios es firme a Su palabra.

- SALMO 23

   El Señor es mi pastor, Nada me faltará. En lugares de verdes pastos me hace descansar; junto a aguas de reposo me conduce. El restaura mi alma; me guía por senderos de justicia por amor de Su nombre. Aunque pase por el valle de sombra de muerte, no temeré mal alguno, porque Tú estás conmigo; tu vara y Tu cayado me infunden aliento. Tú preparas mesa delante de mí en presencia de mis enemigos; has ungido mi cabeza con aceite; mi copa está rebosando. Ciertamente el bien y la misericordia me seguirán todos los días de mi vida, y en la casa del Señor moraré por largos días.

Cuando el salmista dice: "me hará descansar", no se está refiriendo a un forzado descanso para las ovejas, sino que está diciendo que el pastor satisface las necesidades de las ovejas y ellas pueden descansar.

Phillip Keller en su libro A *Shepherd Looks At Psalm 23 (Un vistazo al Pastor del Salmo 23)* dice que es imposible para las ovejas descansar a no ser que se cumplan cuatro cosas. Primero, las ovejas no deben sentir hambre. No pueden descansar mientras sientan necesidad de buscar alimento. En el versículo 2 del Salmo 23, encontramos que el Pastor tiene que satisfacer el hambre de las ovejas, para que puedan descansar en medio de delicados pastos. Segundo, si las ovejas han de descansar, deben sentirse libres de temor.

Las ovejas son animales indefensos y tímidos, con pocos medios de defensa propia. Ellas se asustan fácilmente. ¿Estas tu acosado por temores? Tercero, las ovejas no pueden descansar a menos que estén libres de fricciones. La tensión con otras de su clase las mantienen de pie; ¡sienten que deben defenderse! Y cuarto, las ovejas no pueden descansar hasta que estén libres de pestes. Las ovejas pueden sentirse grandemente exasperadas y perturbadas por las moscas, parásitos u otras pestes que las atormentan.[3]

¿Cómo te pastorea Jehová-raá en relación con estas cuatro necesidades para que nada te falte? Lee cada uno de los pasajes a continuación y haz un resumen de cómo Dios te ha dado provisión para cada necesidad.

Primera Necesidad: Libre del hambre

• 1 PEDRO 2:2
Deseen como niños recién nacidos, la leche pura de la palabra, para que por ella crezcan para salvación.

• HEBREOS 5:13-14
Porque todo el que toma sólo leche, no está acostumbrado a la palabra de justicia, porque es niño. Pero el alimento sólido es para los adultos, los cuales por la práctica tienen los sentidos ejercitados para discernir el bien y el mal.

- 2 TIMOTEO 3:16-17
  Toda Escritura es inspirada por Dios y útil para enseñar, para reprender, para corregir, para instruir en justicia, a fin de que el hombre de Dios sea perfecto, equipado para toda buena obra.

- DEUTERONOMIO 8:3
  El te humilló, y te dejó tener hambre, y te alimentó con el maná que tú no conocías, ni tus padres habían conocido, para hacerte entender que el hombre no sólo vive de pan, sino que vive de todo lo que procede de la boca del SEÑOR.

Segunda Necesidad: Libre del miedo

- 1 JUAN 4:16,18
  Y nosotros hemos llegado a conocer y hemos creído el amor que Dios tiene para nosotros. Dios es amor, y el que permanece en amor permanece en Dios y Dios permanece en él... En el amor no hay temor, sino que el perfecto amor echa fuera el temor, porque el temor involucra castigo, y el que teme no es hecho perfecto en el amor.

- 2 TIMOTEO 1:7
  Porque no nos ha dado Dios espíritu de cobardía, sino de poder, de amor y de dominio propio.

- SALMO 56:3-4
  El día en que temo, Yo en Ti confío. En Dios, cuya palabra alabo, En Dios he confiado, no temeré. ¿Qué puede hacerme el hombre?

Tercera Necesidad: Libre de fricciones (tensiones)

- MATEO 6:12, 14-15
  Y perdónanos nuestras deudas, como también nosotros hemos perdonado a nuestros deudores... Porque si ustedes perdonan a los hombres sus transgresiones, también su Padre celestial les perdonará a ustedes. Pero si no perdonan a los hombres, tampoco su Padre les perdonará a ustedes sus transgresiones.

- MATEO 5:23-24
  Por tanto, si estás presentando tu ofrenda en el altar, y allí te acuerdas que tu hermano tiene algo contra ti, deja tu ofrenda allí delante del altar, y ve, reconcíliate primero con tu hermano, y entonces ven y presenta tu ofrenda.

- MATEO 5:44-45, 48
  Pero Yo les digo: amen a sus enemigos y oren por los que los persiguen, para que ustedes sean hijos de su Padre que está en los cielos; porque El hace salir Su sol sobre malos y buenos, y llover sobre justos e injustos.... Por tanto, sean ustedes perfectos como su Padre celestial es perfecto.

- FILIPENSES 2:3-8
  No hagan nada por egoísmo o por vanagloria, sino que con actitud humilde cada uno de ustedes considere al otro como más importante que a sí mismo, no buscando cada uno sus propios intereses, sino más bien los intereses de los demás. Haya, pues, en ustedes esta actitud que hubo también en Cristo Jesús, el cual, aunque existía en forma de Dios, no consideró el ser igual a Dios como algo a qué aferrarse, sino que Se despojó a sí mismo tomando forma de siervo, haciéndose semejante a los hombres. Y hallándose en forma de hombre, se humilló El mismo, haciéndose obediente hasta la muerte, y muerte de cruz.

Cuarta Necesidad: Libre de pestes

Otra vez citaremos el libro *Beloved: From God's Heart to Yours.(Amado, Del Corazón de Dios al Tuyo).*

> Las ovejas pueden sufrir mucho debido a la mosca nasal. Esta es una mosca que busca depositar sus huevos en la nariz de la oveja. Ahí, los huevos revientan en pequeñas larvas como gusanos, que eventualmente se abren camino desde la nariz hacia la cabeza de la oveja. A medida que las larvas penetran por la carne de la oveja, ellas causan una tremenda irritación, obligándola a sacudirse y golpearse la cabeza contra todo lo que pueda encontrar. Una oveja puede llegar a sentirse tan perturbada por la irritación, que ésta generalmente tratará de matarse en un desesperado intento por quitarse de encima la fuente de su provocación.

Cuando aprendimos esta verdad, no pudimos evitar pensar en cómo hombres y mujeres pueden ser atormentados por pensamientos que han penetrado por todo su ser. Los huevos de tormento son puestos por el enemigo transformándose en gusanos repulsivos y destructivos que hicieron camino hasta llegar a sus cabezas. Pensamientos de temor, rechazo, amargura, odio, fracaso, incompetencia, sensualidad, avaricia y otros, son las plagas que los atormentan, llevando a algunos aún al suicidio.

Pero, ¿es éste el destino de las ovejas de Dios? ¡No! Así como existe un aceite que el pastor puede preparar para proteger a las ovejas de la mosca nasal y su trabajo destructivo, así nuestro Pastor tiene una manera de guardar a Sus ovejas de tal tormento. Como dice el salmista: "Has ungido mi cabeza con aceite" (Salmo 23:5).[4]

¿Cuál es el aceite de protección del pastor contra las pestes que atacan nuestras mentes? Los siguientes pasajes nos dan la respuesta. Léelos cuidadosamente y escribe las instrucciones de Dios que sirven como nuestro aceite de protección sobre nuestras mentes.

- 2 CORINTIOS 10:3-5
  Pues aunque andamos en la carne, no luchamos según la carne. Porque las armas de nuestra contienda no son carnales, sino poderosas en Dios para la destrucción de fortalezas; destruyendo especulaciones y todo razonamiento altivo que se levanta contra el conocimiento de Dios, y poniendo todo pensamiento en cautiverio a la obediencia de Cristo.

- FILIPENSES 4:6-7
  Por nada estén afanosos; antes bien, en todo, mediante oración y súplica con acción de gracias, sean dadas a conocer sus peticiones delante de Dios. Y la paz de Dios, que sobrepasa todo entendimiento, guardará sus corazones y sus mentes en Cristo Jesús.

- FILIPENSES 4:8-9
  Por lo demás, hermanos, todo lo que es verdadero, todo lo digno, todo lo justo, todo lo puro, todo lo amable, todo lo honorable, si

hay alguna virtud o algo que merece elogio, en esto mediten. Lo que también han aprendido y recibido y oído y visto en mí, esto practiquen, y el Dios de paz estará con ustedes.

* ISAÍAS 26:3
  Al de firme propósito guardarás en perfecta paz, porque en Ti confía.

Queremos que notes una última verdad. Es el resultado final de tener a Dios como tu Pastor:

Ciertamente el bien y la misericordia me seguirán todos los días de mi vida, y en la casa del Señor moraré por largos días (Salmo 23:6).

VERSÍCULO PARA MEMORIZAR

Ciertamente el bien y la misericordia me seguirán todos los días de mi vida, y en la casa del Señor moraré por largos días.

SALMO 23:6

PREGUNTAS PARA LA DISCUSIÓN EN GRUPOS PEQUEÑOS

1. Escribe los beneficios que son tuyos como hijo — una oveja — de Jehová-raá.

2. ¿Cuáles son algunas cosas que has aprendido acerca de ti mismo, al estudiar los pasajes relacionados acerca de las ovejas? (Comparte tanto las positivas como las negativas).

3. ¿Cuál es la responsabilidad principal de Jehová-raá?

4. ¿Qué aprendiste al ver las cuatro necesidades de las ovejas?

5. ¿De qué forma Jehová-raá ha satisfecho tus necesidades?

capítulo 16

EL SEÑOR
NUESTRA JUSTICIA

— TRIGÉSIMO SÉPTIMO DÍA —

Puede un hombre, realmente, ser siempre justo para con Dios? "Algo espantoso y terrible ha sucedido en la tierra: Los profetas profetizan falsamente, los sacerdotes gobiernan por su cuenta, y a Mi pueblo así le gusta." (Jeremías 5:30-31). "Porque desde el menor hasta el mayor, todos ellos codician ganancias, y desde el profeta hasta el sacerdote, todos practican el engaño. Curan a la ligera el quebranto de Mi pueblo, diciendo: 'Paz, paz,' pero no hay paz" (Jeremías 6:13-14).

Judá había rehusado escuchar las palabras de Dios y andaba en la maldad de su corazón. Había ido en pos de dioses ajenos para servirles y para postrarse ante ellos (Jeremías 13:10). Toda la nación excepto un remanente, se habían corrompido. La corrupción se había esparcido, aún hasta lo más alto, contaminando a los sacerdotes. Dios ya no los podía seguir aceptando. Él tiene que llamarlos a dar cuenta por sus pecados (Jeremías 14:10). El juicio era certero. Nada, excepto el arrepentimiento y el retorno a la justicia podía detenerlo (Jeremías 18:5-11).

Pero ellos dirán: 'Es en vano; porque vamos a seguir nuestros propios planes, y cada uno de nosotros obrará conforme a la terquedad de su malvado corazón.' (Jeremías 18:12).

¿Te has sentido alguna vez sin esperanza? Estabas de acuerdo con Dios, que tu corazón era engañoso y perverso (Jeremías 17:9). Pero aún sabiéndolo, ibas a seguir viviendo de la manera que querías vivir; nada podía cambiar eso, Tu eras lo querías ser.

¿Existen casos sin esperanza? ¿Víctimas indefensas de su propia naturaleza pecaminosa? Cuando uno sigue la historia de Israel hasta los días de Jeremías, parece ser que esta era su situación. Jehová había guardado Su pacto con Abraham (Génesis 15:13-16). Él liberó a los hijos de Israel de Egipto tal como lo había prometido. Pero, ¿cuál fue el resultado final? Vagar por el desierto cuarenta años debido a un corazón malo de incredulidad (Hebreos 3:12, 16-19).

Finalmente bajo el mando de Josué, cruzaron el Jordán y tomaron posesión de la tierra de Canaán. Por un tiempo hubo victoria — victoria que duró hasta que la generación que vio la gran obra que había hecho Dios por Israel, "fue reunida a sus padres..." (Jueces 2:10).

Luego, "...Y se levantó otra generación después de ellos que no conocía al SEÑOR, ni la obra que El había hecho por Israel. Entonces los Israelitas hicieron lo malo ante los ojos del SEÑOR y sirvieron a los Baales. Abandonaron al SEÑOR, el Dios de sus padres, que los había sacado de la tierra de Egipto..." (Jueces 2:10-12).

Transcurrieron entre trescientos a trescientos cincuenta años de oscuridad consecutiva hasta que finalmente Israel rechazó a Dios, "para que Yo no sea rey sobre ellos" (1 Samuel 8:7). Ellos querían que Samuel designara a un rey para que les juzgara como tienen todas las otras naciones (1 Samuel 8:5). Entonces Dios ungió a Saúl como rey. Pero Saúl, desechó "la palabra de JEHOVÁ," Por lo cual, también Dios te "ha desechado para que no seas rey" (1 Samuel 15:23).

Luego por misericordia, Dios les dio a David, un varón conforme al corazón de Dios (1 Samuel 13:14; 16:1, 11-13) como rey. Después, Salomón sucedió a David, pero "Porque cuando Salomón ya era viejo, sus mujeres desviaron su corazón tras otros dioses, y su corazón no estuvo dedicado por completo al Señor su Dios... Salomón hizo lo malo a los ojos del SEÑOR" (1 Reyes 11:4, 6).

Cuando Salomón murió, el reino de Israel fue dividido. Diez tribus bajo el nombre de Israel establecieron su capital en Samaria y fueron conocidas como el reino del norte. Las otras dos tribus, Benjamín y Judá, formaron el reino del sur de Judá y mantuvieron a Jerusalén como su capital. De los dos reinos, Israel fue el primero en ir al cautiverio. Dios estaba exhausto con sus prostituciones espirituales, de modo que llamó a Asiria para tomarlos cautivos. "Y vio que a causa de todos los adulterios de la infiel Israel, Yo la había despedido, dándole carta de divorcio. Con todo, su rebelde hermana Judá no tuvo temor, sino que ella también fue y se hizo ramera" (Jeremías 3:8).

Esto nos lleva a los días de Jeremías. Dios habló a través de Su profeta diciendo: "Más engañoso que todo, es el corazón, y sin remedio; ¿Quién lo comprenderá? Yo, el Señor, escudriño el corazón, pruebo los pensamientos, para dar a cada uno según sus caminos, según el fruto de sus obras." (Jeremías 17:9-10). Dios les había examinado el corazón. Él probó la mente. Ahora, el juicio debería venir a Judá.

¿Estaban ellos sin esperanza? ¿Acaso, tendrían que moverse siempre en un ciclo interminable? ¿Podría la sangre de los toros y de los machos cabríos quitar los pecados (Hebreos 10:3-4)? ¿Podían sus sacrificios ofrecidos continuamente año tras año hacerlos perfectos (Hebreos 10:1)? ¡No! Sus sacrificios no podían hacerlos perfectos. Su problema era su corazón.

Y la sangre de los toros y de los machos cabríos no puede cambiar el corazón del hombre. Entonces no había esperanza, ¿ó si? ¡Sí! La hay. Y es en esta oscura hora de juicio y fracaso que Dios reveló a Su pueblo otro de Sus nombres, *Jehová-tsidkenu*, El Señor, nuestra justicia. Y con esa revelación viene la promesa del Nuevo Pacto, el pacto de la gracia — y con esto, un nuevo corazón (Jeremías 31:31-34; Mateo 26:26-28; Hebreos 8:6-13).

Estas son Sus ovejas ¡nada les faltará! Jehová-raá es Su Pastor. Y como Jehová-yireh, Su Proveedor, Él promete un camino de justicia. "Y éste es Su nombre por el cual será llamado: 'El Señor, justicia nuestra.'" (Jeremías 23:6).

¡El hombre puede tener justicia con Dios! Justicia es más que bondad; es ser justos ante Dios. Justicia significa ser justos. Es hacer lo que Dios dice que es correcto, vivir de acuerdo a Sus normas. Pero la justicia en el hombre requiere de un nuevo corazón. Y ¡el hombre puede llegar a tener un nuevo corazón!

"Pondré Mi ley dentro de ellos, y sobre sus corazones la escribiré... pues perdonaré su maldad, y no recordaré más su pecado" (Jeremías 31:33-34). "e infundiré Mi temor en sus corazones para que no se aparten de Mí" (Jeremías 32:40). "Además, les daré un corazón nuevo y pondré un espíritu nuevo dentro de ustedes; quitaré de su carne el corazón de piedra y les daré un corazón de carne. Pondré dentro de ustedes Mi espíritu y haré que anden en Mis estatutos, y que cumplan cuidadosamente Mis ordenanzas" (Ezequiel 36:26-27).

Todo esto — un nuevo pacto y por lo tanto, un nuevo corazón — vendrán por medio del Renuevo justo llamado Jehová-tsidkenu, Dios nuestra justicia.

¡Tú puedes ser justo ante Dios! Tú puedes tener justicia. No necesitas vivir en un ciclo sin fin de pecado y fracaso. Tu corazón no tiene por qué ser extremadamente perverso. Tú puedes tener un corazón nuevo. No tienes por qué apartarte de Él (Jeremías 32:40). ¿Cómo?

Todo esta envuelto en el entendimiento de Su nombre, Jehová tsidkenu. Déjanos explicarlo precepto sobre precepto. ¡Mantente allí y serás bendecido!

Comencemos buscando Jeremías 23:1-6, donde Jehová-tsidkenu es usado por primera vez. Léelo cuidadosamente. Sé que apreciarás las referencias a los pastores y las ovejas, ya que acabamos de estudiar a Jehová-raá.

- JEREMÍAS 23:1-6
  "¡Ay de los pastores que destruyen y dispersan las ovejas de Mis prados!," declara el Señor. Por tanto, así dice el Señor, Dios de Israel, acerca de los pastores que apacientan a Mi pueblo: "Ustedes han dispersado Mis ovejas y las han ahuyentado, y no se han ocupado de ellas. Por eso Yo me encargaré de ustedes por la maldad de sus obras," declara el Señor. "Yo mismo reuniré el remanente de Mis ovejas de todas las tierras adonde las he echado, y las haré volver a sus pastos; y crecerán y se multiplicarán. Pondré sobre ellas pastores que las apacentarán, y nunca más tendrán temor, ni se aterrarán, ni faltará ninguna de ellas," declara el Señor. "Vienen días," declara el Señor, "en que levantaré a David un Renuevo justo; Y El reinará como rey, actuará sabiamente, y practicará el derecho y la justicia en la tierra. En sus días Judá será salvada, E Israel morará seguro; Y éste es Su nombre por el cual será llamado: 'El Señor, justicia nuestra.

Ahora, antes de continuar permítenos hacerte algunas preguntas:

1. La lección de hoy comenzó con una descripción de la condición de Judá durante el tiempo de Jeremías. ¿Quiénes eran los malos pastores de los que hablaba el Señor en Jeremías 23?

2. ¿Qué le sucedió a "Mi rebaño?"

3. ¿Qué va a hacer Dios por Su rebaño? Haz una lista de cada observación que puedas obtener de Jeremías 23:1-6.

4. Cuando Dios mencionó a David (versículo 5), ¿a quién se estaba refiriendo realmente?

5. Haz una lista de lo que observes de este texto acerca del "Renuevo justo".

6. ¿Quién crees que es este "Renuevo justo?"

— *TRIGÉSIMO OCTAVO DÍA* —

Cuando llegaron los días en que David había de morir, David le contó a Salomón la promesa que le hizo Dios: "no te faltará hombre sobre el trono de Israel" (1 reyes 2:4). La Palabra de Dios a David fue certera; "Tu casa y tu reino permanecerán para siempre delante de Mí; tu trono será establecido para siempre" (2 Samuel 7:16). El Renuevo justo en Jeremías 23:5 es el cumplimiento de la promesa de Dios a David. El Renuevo justo que reinará como rey y hará juicio y justicia en la tierra es Dios encarnado, el Mesías, el Señor Jesucristo, nuestra justicia.

El descendiente de David a través de María crecería "como raíz de tierra seca" (Isaías 53:2). "Pero el Señor hizo que cayera sobre El" (Isaías 53:6). Él sería el Cordero de Dios sin pecado "porque el salvará a su pueblo de sus pecados" (Mateo 1:21; 1 Pedro 1:18-19). "Pero El fue herido por nuestras transgresiones, molido por nuestras iniquidades... El mismo llevó nuestros pecados en Su cuerpo sobre la cruz, a fin de que muramos al pecado y vivamos a la justicia, porque por Sus heridas fueron ustedes sanados" (Isaías 53:5, 1 Pedro 2:24-25).

¿Pero, sería suficiente el perdón de los pecados? No. Mira cuidadosamente lo que Jesús dijo en el Sermón del Monte: "Porque les digo a ustedes que si su justicia no supera la de los escribas y Fariseos, no entrarán en el reino de los cielos" (Mateo 5:20).

Pero, ¿cómo podría nuestra justicia exceder la justicia de los escribas y fariseos? Cuando "como trapo de inmundicia todas nuestras obras justas" (Isaías 64:6) y "No hay justo, ni aun uno" (Romanos 3:10) "por cuanto todos pecaron y no alcanzan la gloria de Dios" (Romanos 3:23), entonces ¿dónde puede un hombre obtener justicia, o cómo puede ser hecho justo?

En la cruz del Calvario. "Al que no conoció pecado, Lo hizo pecado por nosotros, para que fuéramos hechos justicia de Dios en El" (2 Corintios 5:21) — "Esta justicia de Dios por medio de la fe en Jesucristo es para todos los que creen" (Romanos 3:22).

Allí, colgado, Jehová-tsidkenu, fue hecho pecado por ti para que tú, creyendo en Él fueras hecho Su justicia.

"¿No saben ustedes que cuando se presentan como esclavos a alguien para obedecerle, son esclavos de aquél a quien obedecen, ya sea del pecado para muerte, o de la obediencia para justicia?" (Romanos 6:16).

"se hicieron obedientes de corazón a aquella forma de doctrina a la que fueron entregados" (Romanos 6:17), el evangelio de Jesucristo? Si es así, han sido "libertados del pecado" (del reino de pecado) y "ustedes se han hecho siervos de la justicia" (Romanos 6:18). Se te ha dado un nuevo corazón, un corazón de carne. Tú ya no tienes más un corazón de piedra (2 Corintios 3:3; Ezequiel 36:26). Tienes un nuevo Amo. Su nombre es Adonai, tu Jehová-tsidkenu. ¡Aleluya, qué maravilloso nombre!

A través de las edades comenzando con el sacrificio que Dios hizo en el jardín del Edén para proveer algo para cubrir la desnudez del pecado de Adán y Eva, hasta el Cordero de la Pascua quién trajo la liberación de Egipto, hasta los sacrificios en el templo de la sangre de toros y machos cabríos inocentes, el hombre pecaminoso ha visto que se requiere la muerte de los inocentes por los culpables. Y sin embargo, la sangre de toros y machos cabríos, no pudo quitar los pecados ni limpiar sus corazones de una mala conciencia (Hebreos 10:22).

Por lo cual, al entrar Cristo en el mundo, dice: "SACRIFICIO Y OFRENDA NO HAS QUERIDO, PERO UN CUERPO HAS PREPARADO PARA MI; EN HOLOCAUSTOS Y SACRIFICIOS POR EL PECADO NO TE HAS COMPLACIDO. ENTONCES DIJE: 'AQUI ESTOY, YO HE VENIDO PARA HACER, OH DIOS, TU VOLUNTAD.'" Habiendo dicho anteriormente: "Sacrificios y ofrendas y holocaustos, y sacrificios por el pecado no has querido, ni en ellos Tu te has complacido", entonces dijo: "He aqui, yo he venido para hacer Tu voluntad." El quita lo primero para establecer lo segundo. Por esa voluntad hemos sido santificados mediante la ofrenda del cuerpo de Jesucristo ofrecida una vez para siempre (Hebreos 10:5-10).

Santificados y justificados. ¿Podemos ser justos delante de Dios? ¡Sí! únicamente recibiendo al Señor Jesucristo. "Pero a todos los que Lo recibieron, les dio el derecho de llegar a ser hijos de Dios" (Juan 1:12). "y Le pondrás por nombre Jesús, porque El salvará a Su pueblo de sus pecados" (Mateo 1:21).

¿Eres justo para con Dios? "Bienaventurados los que tienen hambre y sed de justicia, pues ellos serán saciados" (Mateo 5:6).

VERSÍCULO PARA MEMORIZAR

Al que no conoció pecado, Lo hizo pecado por nosotros,
para que fuéramos hechos justicia de Dios en Él.

2 Corintios 5:21

PREGUNTAS PARA LA DISCUSIÓN EN GRUPOS PEQUEÑOS

1. ¿Cuál fue la promesa que vino con la revelación de Dios como Jehová-tsidkenu?

2. ¿Cuáles fueron los beneficios de la promesa?

3. ¿Qué observaciones obtuviste acerca del "Renuevo justo?"

   a. ¿Quién era Él?

   b. ¿Qué diferencia hace esto en tu vida?

capítulo 17

EL SEÑOR
ESTÁ AHÍ

— *TRIGÉSIMO NOVENO DÍA* —

Qué haces cuando te sientes solo, abandonado, olvidado por todos —incluso por Dios? ¿Qué haces cuando se cierra el cerrojo de hierro encarcelándote en circunstancias difíciles? ¿Cómo sobrevives? Cuando se deslizó el cerrojo del marco de hierro sobre la puerta de la celda de Geoffrey Bull, él no sabía que estaría encerrado por los siguientes tres años. Fue tomado prisionero por los comunistas chinos bajo el poder de determinados ateos, hombres que odiaban todo por lo que vivía Geoffrey. La meta de ellos era corregir sus pensamientos y reformarlo, o sino, torturarlo y matarlo.

¿Cómo sobreviviría con una sentencia de prisión indefinida? ¿Cómo soportaría estar incomunicado? ¿Cómo mantendría su salud, cuando su cuerpo sería torturado sin piedad una y otra vez? Su vida parecía un infierno en la tierra — ¿cómo podría el gozo del Señor ser su fortaleza? Él podía continuar creyendo en Dios porque conocía Su nombre, Jehová-shammá, El Señor está ahí.

En su libro *God Holds The Key, (Dios tiene la llave)* Geoffrey Bull escribe:

No tenía ni una Biblia en mis manos, ni un reloj en mi muñeca, ni lápiz o papel en mi bolsillo. No había esperanza de liberación. No había esperanza de vida, ni posibilidad de reunirme con aquellos que amaba. La única realidad era Mi Señor y Salvador Jesucristo. Despojado de todo, Él llegó a ser todo para mí. Él rompería mis rejas y ensancharía los límites de mi angosto cuarto. Él era todo mi alimento entre la escasa comida. "Mi carne", la cual mis apresadores "no conocían". Él me alegraría con Su semblante. Él me permitiría escuchar Su voz. Como en los días de Su nacimiento, Herodes podía reinar e imaginar la matanza contra los inocentes, pero solamente déjenme ver Su estrella y yo vendré a adorarlo...

El exilio no debe ser servil. Dios hace a Sus hijos reyes y sacerdotes por más pequeño que sea el dominio inmediato... Mi porción era estar en la contemplación del Señor de gloria en el lugar secreto, para obtener una experiencia real en el gozo contemplativo de la fe cristiana... la cual por siglos fue robada de nuestras vidas occidentales... Ver al Rey en Su belleza debe ser nuestro único deseo; tener hambre, sed y saciarnos de Él. Y si nos hace permanecer en una oscura y ensombrecida esquina del patio de Su palacio, podemos estar seguros que Él nos pone allí, porque desde esa ventaja distintiva, nosotros, con nuestra postura actual, le contemplaremos mejor cada vez que pase cerca de nosotros. Mejor es un día en tus atrios, que mil fuera de ellos y muchos hubieran dado todo por ser el humilde guardián de la puerta de la casa del Señor.[1]

Los hijos de Israel estaban en cautiverio. Estarían allí setenta años (Jeremías 29:10). Ellos también se habrían sentido felices de ser los porteros de la puerta de la casa de Dios, si él hubiera estado allí. Pero no estaba. Habían escuchado de Ezequiel de cómo la gloria de Dios se había ido del templo (Ezequiel 10:18-19; 11:22-24).

Les costaba mucho creer. Sin embargo, el cautiverio era necesario porque Dios había juzgado a Su pueblo por su adulterio. Desde el cautiverio en Egipto hasta el cautiverio en Babilonia, Dios les enseñaría duras pero necesarias lecciones. Entre estas lecciones habría otra verdad acerca de Sí mismo a través de Su nombre — *Jehová-shammá*, el Señor esta ahí.

Jehová-shammá se encuentra en el último versículo de Ezequiel. Es usada en referencia a la Jerusalén terrenal, la ciudad en la que el Señor Jesucristo habitará cuando Él regrese a la tierra para reinar como Rey de reyes y Señor de señores. La ciudad será de 18,000 cañas aproximadamente. En derredor tendrá dieciocho mil cañas. "y el nombre de la ciudad desde ese día será: 'el Señor está allí'" (Ezequiel 48:35). La palabra hebrea *shammah* simplemente significa "ahí".

Recuerda que en los tiempos bíblicos generalmente un nombre describía el carácter de aquel que lo llevaba. Por lo tanto, cuando Dios nombró esta ciudad Jehová-shammá, Él le estaba asegurando a Su pueblo que Él, Jehová, estaría ahí. ¡Qué mensaje de aliento fue éste para aquellos que estaban en cautiverio! Les aseguraba un futuro y les daba esperanza.

¡Necesitamos un futuro y una esperanza! Nuestro mundo en su mayor parte vive el momento. "¡Dámelo ahora!" Para la mayoría de las personas, el futuro parece ser tan incierto, sin esperanza, que han perdido su visión. La mayoría viven solamente para su felicidad inmediata. "Donde no hay visión, el pueblo se desenfrena, pero bienaventurado es el que guarda la ley" (Proverbios 29:18).

En la guerra de Corea, la mayoría de nuestros hombres, que fueron llevados cautivos, nunca intentaron escapar. Esta evidente apatía fue sin precedentes, especialmente en comparación con la Segunda Guerra Mundial. Pero se resignaron a la prisión porque no veían ningún futuro, habían perdido su visión y no tenían esperanza. Se rindieron y fueron absorbidos por su cautiverio.

La mayoría de cristianos viven de esta manera. Han perdido la visión de la esperanza bendita de la gloria de estar ausentes del cuerpo y presentes con el Señor. No miran el tiempo cuando reinarán con Jesús en la tierra (Daniel 7:27). Han perdido su voluntad de luchar porque se han olvidado que su "ciudadanía está en los cielos" (Filipenses 3:20).

Se han sentado a la mesa del banquete del mundo y se han saciado con las cosas de esta vida. Tienen poco interés en las glorias del cielo. Pueden ver, tocar, saborear y experimentar "el presente", pero no pueden imaginarse las glorias que están por venir. Muchos cristianos han llegado a ser prisioneros, que no tratan de escapar. No son una amenaza para el mundo que los tiene cautivos.

¿Cómo puede un cristiano guardarse de ser aprisionado por el mundo? ¿Cómo podemos guardar nuestra visión y no perder la esperanza? Por medio de la obediencia de la Palabra de Dios, aferrándonos a ella en la fe.

Lee cuidadosamente los siguientes pasajes. Luego escribe como podrías poner esta verdad en práctica o anota lo que se requeriría de ti si fueras a vivir de acuerdo a esta verdad. ¿Qué cambiarías o dejarías de hacer? Escríbelo a continuación, míralo. Luego, decide que vas hacer al respecto.

- COLOSENSES 3:1-2
  Si ustedes, pues, han resucitado con Cristo, busquen las cosas de arriba, donde está Cristo sentado a la diestra de Dios. Pongan la mira en las cosas de arriba, no en las de la tierra.

- FILIPENSES 3:7-8
  Pero todo lo que para mí era ganancia, lo he estimado como pérdida por amor de Cristo. Y aún más, yo estimo como pérdida todas las cosas en vista del incomparable valor de conocer a Cristo Jesús, mi Señor. Por El lo he perdido todo, y lo considero como basura a fin de ganar a Cristo.

- 1 TESALONICENSES 1:9-10
Pues ellos mismos cuentan acerca de nosotros, de la acogida que tuvimos por parte de ustedes, y de cómo se convirtieron de los ídolos a Dios para servir al Dios vivo y verdadero, y esperar de los cielos a Su Hijo, al cual resucitó de entre los muertos, es decir, a Jesús, quien nos libra de la ira venidera.

- 2 TIMOTEO 2:3-4
Sufre penalidades conmigo, como buen soldado de Cristo Jesús. El soldado en servicio activo no se enreda en los negocios de la vida diaria, a fin de poder agradar al que lo reclutó como soldado.

- 2 CORINTIOS 4:11, 16-18
Porque nosotros que vivimos, constantemente estamos siendo entregados a muerte por causa de Jesús, para que también la vida de Jesús se manifieste en nuestro cuerpo mortal... Por tanto no desfallecemos, antes bien, aunque nuestro hombre exterior va decayendo, sin embargo nuestro hombre interior se renueva de día en día. Pues esta aflicción leve y pasajera nos produce un eterno peso de gloria que sobrepasa toda comparación, al no poner nuestra vista en las cosas que se ven, sino en las que no se ven. Porque las cosas que se ven son temporales, pero las que no se ven son eternas.

- HEBREOS 11:25-27
escogiendo más bien ser maltratado con el pueblo de Dios, que gozar de los placeres temporales del pecado. Consideró como mayores riquezas el oprobio de Cristo que los tesoros de Egipto, porque tenía la mirada puesta en la recompensa. Por la fe Moisés salió de Egipto sin temer la ira del rey, porque se mantuvo firme como viendo al Invisible.

Dondequiera que estés, Jehová está ahí. Esperando, anhelando ser tu futuro y tu esperanza. No te dejes absorber por tu cautiverio, en lugar de ello, déjate absorber por Dios.

¿A quién tengo yo en los cielos, sino a Ti? Fuera de Ti, nada deseo en la tierra. Mi carne y mi corazón pueden desfallecer, pero Dios es la fortaleza de mi corazón y mi porción para siempre. Porque los que están lejos de Ti perecerán; Tú has destruido a todos los que Te son infieles. Pero para mí, estar cerca de Dios es mi bien; En Dios el Señor he puesto mi refugio para contar todas Tus obras (Salmo 73:25-28).

Jehová-shammá — mañana hablaremos más de Él.

— CUADRAGÉSIMO DIA —

Anhelamos que el lema de la iglesia una vez más vuelva a ser *Maranata, el Señor viene.*

¿Qué se requerirá? ¿Se requerirá lo mismo que se pidió del pueblo elegido de Dios, Israel y Judá? Ya que antes de que fueran cautivados por Babilonia, ya habían sido cautivos por el mundo. Su cautiverio en Babilonia fue obra de Dios, porque ellos eligieron al mundo sobre Él.

Así como el corazón de Dios se dolía sobre ellos, ¿no se duele por la iglesia hoy? Escucha Su dolor y Su juicio. ¿Puedes ver la posibilidad de que algo similar esté sucediendo a tu país?

- EZEQUIEL 6:9-14; 7:1-7

Entonces los que de ustedes escapen Me recordarán entre las naciones adonde serán llevados cautivos. Porque he sufrido a causa de sus corazones adúlteros que se apartaron de Mí, y a causa de sus ojos que se prostituyeron tras sus ídolos. Pero se aborrecerán a sí mismos por los males que han cometido, por todas sus abominaciones. Y sabrán que Yo soy el Señor; no en vano he dicho que les haría este mal. "Así dice el Señor Dios: 'Bate tus manos, golpea con tu pie, y di: ¡Ay!, a causa de todas las graves abominaciones de la casa de Israel, que a espada, de hambre y de pestilencia caerán. El que esté lejos morirá de pestilencia, el que esté cerca caerá a espada, y el que quede y esté sitiado morirá de hambre. Así desahogaré Mi furor sobre ellos. Entonces ustedes sabrán que Yo soy el Señor, cuando sus muertos estén en medio de sus ídolos alrededor de sus altares, en toda colina elevada, en todas las cumbres de los montes, bajo todo árbol verde y bajo toda encina frondosa, lugares donde ofrecían aroma agradable a todos sus ídolos. Así que por todas sus moradas extenderé Mi mano contra ellos, y haré la tierra más desolada y devastada que el desierto hacia Diblat; y sabrán que Yo soy el Señor. Y vino a mí la palabra del Señor: Y tú, hijo de hombre, di: Así dice el Señor Dios a la tierra de Israel: ¡El fin, el fin viene sobre los cuatro extremos de esta tierra! Ahora viene el fin sobre ti y enviaré Mi ira contra ti; te juzgaré conforme a tus caminos y traeré sobre ti todas tus abominaciones. Mi ojo no tendrá piedad de ti ni Yo te perdonaré; sino que te pagaré conforme a tus caminos, y tus abominaciones en medio de ti quedarán; y sabrán que Yo soy el Señor. Así dice el Señor Dios: ¡Un desastre! ¡Viene un desastre sin igual! El fin viene, viene el fin; se ha despertado contra ti; ya ha venido. Te ha llegado tu turno, oh habitante de la tierra. Ha llegado el tiempo, se acerca el día; pánico, y no júbilo, en los montes.

Ezequiel es un libro escrito para aquellos judíos que habían sido tomados cautivos en Babilonia. Sin embargo, cuando comienza Ezequiel, Jerusalén todavía no había sido destruida. Jerusalén fue invadida tres veces antes de caer. Daniel fue tomado cautivo en la primera invasión y Ezequiel en la segunda. Mientras lees el libro de Ezequiel, mantén en mente que al comienzo de su profecía, Jerusalén todavía estaba en pie.

Ezequiel profetizó la caída de Jerusalén. Ezequiel registra la gloria de Dios alejándose del templo (Ezequiel 10–11). Luego, Jerusalén cayó (Ezequiel 33:21).

Ezequiel fue deportado a Babilonia en el año 597 a. C. junto con el rey Joacim y ejércitos de ciudadanos, cuando Nabucodonosor invadió por segunda vez Jerusalén (2 Reyes 24:10-16). Ezequiel no fue llamado a profetizar hasta después de haber estado en Babilonia alrededor de cinco años... La idolatría que Ezequiel vio como desgracia de Judá antes de salir de Jerusalén, fue la misma condición que enfrentó en el establecimiento de los exiliados judíos en Babilonia. El juicio del cautiverio no logró que los primeros contingentes de exiliados se arrepintieran. De hecho, les costaba mucho creer mientras Ezequiel estaba profetizando, que Jerusalén sería realmente destruida por los babilonios. Se inclinaban a creer que Jehová le había dado el dominio del mundo a Babilonia. Por lo tanto, fue necesario que Ezequiel en Babilonia — y Jeremías en Jerusalén — mostraran a las personas cuán infundada era cualquier expectativa de una liberación inmediata.[2]

De acuerdo a Irving Jensen, el libro de Ezequiel puede dividirse en dos partes principales: Capítulos 1–32 podría titularse "Jehová no está ahí" y capítulos 33–48 "Jehová está ahí".

Hay un punto crucial en el libro que lo divide en dos partes. En 24:2, Dios le informa a Ezequiel que el rey de Babilonia ha comenzado el sitio contra Jerusalén. En 33:21, en el momento crucial, Ezequiel se entera por un mensajero, que la ciudad había caído. Hasta 24:2, el mensaje de Ezequiel es principalmente: "La ciudad será destruida". Después de 33:21, Ezequiel mira al siguiente punto culminante profético y profetiza: La ciudad será restaurada. Es en el capítulo 24 que el profeta se entera que al caer Jerusalén, su lengua se soltará para hablar un nuevo mensaje de esperanza y el pueblo sobrio por la realidad de la destrucción de Jerusalén, comenzará a prestarle atención [3]

Las noticias de la destrucción de Jerusalén están registradas en Ezequiel 33:21: "En el año duodécimo de nuestro destierro, a los cinco días del mes décimo, vino a mí un fugitivo de Jerusalén, diciendo: "La ciudad ha sido tomada.""

Fue difícil para el pueblo de Dios creer que Él permitiría a Jerusalén caer. Pero se olvidaron de otro de los nombres de Dios. Es un nombre que yo nunca he escuchado de ninguna persona: Dios Celoso, Qanná*. Cuando Dios dio los Diez Mandamientos, esto es lo que dijo:

"Entonces Dios habló todas estas palabras diciendo: "Yo soy el Señor tu Dios, que te saqué de la tierra de Egipto, de la casa de servidumbre. "No tendrás otros dioses delante de Mí. "No te harás ningún ídolo, ni semejanza alguna de lo que está arriba en el cielo, ni abajo en la tierra, ni en las aguas debajo de la tierra. No los adorarás ni los servirás. Porque Yo, el Señor tu Dios, soy Dios celoso, que castigo la iniquidad de los padres sobre los hijos hasta la tercera y cuarta generación de los que Me aborrecen, y muestro misericordia a millares, a los que Me aman y guardan Mis mandamientos" (Éxodo 20:1-6).

En Éxodo 34:14, Dios mismo dijo que Su nombre es Dios celoso. Fíjate cómo se los dijo.

"Cuídate de no hacer pacto con los habitantes de la tierra adonde vas, no sea que esto se convierta en tropezadero en medio de ti. "Ustedes derribarán sus altares, quebrarán sus pilares sagrados y cortarán sus Aseras. No adorarás a ningún otro dios, ya que el Señor, cuyo nombre es Celoso, es Dios celoso. No hagas pacto con los habitantes de aquella tierra, no sea que cuando ellos se prostituyan con sus dioses y les ofrezcan sacrificios, alguien te invite y comas de su sacrificio; y tomes de sus hijas para tus hijos, y ellas se prostituyan con sus dioses, y hagan que también tus hijos se prostituyan con los dioses de ellas. No te harás dioses de fundición" (Éxodo 34:12-17).

---

* "El Qanná", esto significa "Dios celoso" y se usa en el hebreo en Éxodo 20:5; 34:14; Deuteronomio 4:24; 5:9; 6:15. En la palabra "Qanná" el acento recae en la última sílaba.

Hay un celo sagrado y divino (2 Corintios 11:2). Dios actuó de acuerdo a Su nombre, tal como le había advertido a Su pueblo que haría. Dios se alejó de Jerusalén.

Para que esta serie de eventos pueda ser establecida en tu mente, responde las siguientes preguntas. Mañana continuaremos con nuestro estudio del nombre de Dios, Jehová-shammá.

1. ¿Cómo llama Dios a una persona que adora ídolos?

2. ¿Qué maldades había cometido el pueblo de Dios?

3. ¿Cómo afectaron sus acciones a Dios? ¿Por qué?

4. ¿Cómo juzgó Dios a Israel y Judá por su idolatría?

5. ¿Esperaba el pueblo de Dios este tipo de juicio? ¿Por qué?

6. Haz que la letra concuerde con lo que se dice a la derecha:
    a. Ezequiel 33:21   ____ 1. Palabra hebrea para *celoso*
    b. Jeremías   ____ 2. Jehová está ahí
    c. Ezequiel 1 – 32   ____ 3. Jehová no esta ahí
    d. Daniel   ____ 4. Llevado cautivo durante la
    e. Ezequiel 1-24   primera invasión a Jerusalén.
    f. Asirios   ____ 5. Llevado cautivo durante la
    g. Jerusalén   segunda invasión a Jerusalén
    h. Qanná   ____ 6. Permaneció en Jerusalén durante
    i. Ezequiel 10-11   las tres invasiones
    j. Babilonios   ____ 7. Jerusalén todavía en pie
    k. Ezequiel   ____ 8. La presencia de Dios se va del
    l. Ezequiel 33-48   templo y de Jerusalén
    m. Jehová-shammá   ____ 9. Caída de Jerusalén (tercera
        invasión)   invasión)
    n. Jehová-tsidkenu   ____ 10. El pueblo que destruyó a Jerusalén
    o. Amós   ____ 11. La manera en que Dios prometió
                                       regresar a Jerusalén
                              ____ 12. Una ciudad devastada y desolada
                                       porque Dios es celoso

7. ¿Piensas que el carácter de Dios ha cambiado desde los días de Ezequiel? Explica tu respuesta.

8. ¿Cómo puedes aplicar a tu vida lo que has aprendido hoy? Responde en primera persona — "Yo..."

— *CUADRAGÉSIMO PRIMER DÍA*—

Dios siempre había estado con Israel y Judá. Él manifestó Su presencia de una u otra forma. Pero, parecería que en su mayor parte, ellos dieron por hecho Su presencia, a tal punto que no pudieron creer que haría lo que dijo que iba a hacer. Ellos no podían creer que se iría y permitiría a Jerusalén, la Sion terrenal de Dios, ser tomada cautiva por los babilonios paganos.

Algunos pasajes muestran cómo Dios les permitió saber que Él estaba presente con ellos. Al mirar a cada uno, nota la forma que tomó Su presencia y regístralo junto a cualquier otra observación pertinente bajo cada sección del pasaje.

- ÉXODO 13:20-22

Y salieron de Sucot y acamparon en Etam, al borde del desierto. El Señor iba delante de ellos, de día en una columna de nube para guiarlos por el camino, y de noche en una columna de fuego para alumbrarlos, a fin de que anduvieran de día y de noche. No quitó de delante del pueblo la columna de nube durante el día, ni la columna de fuego durante la noche.

- ÉXODO 23:20-22

"Yo enviaré un ángel delante de ti, para que te guarde en el camino y te traiga al lugar que Yo he preparado. Sé prudente delante de él y obedece su voz. No seas rebelde contra él, pues no perdonará la rebelión de ustedes, porque en él está Mi nombre. Pero si en verdad obedeces su voz y haces todo lo que Yo digo, entonces seré enemigo de tus enemigos y adversario de tus adversarios.

- ÉXODO 33:12-16

Entonces Moisés dijo al Señor: "Mira, Tú me dices: 'Haz subir a este pueblo.' Pero Tú no me has declarado a quién enviarás conmigo. Además has dicho: 'Te he conocido por tu nombre, y también has hallado gracia ante Mis ojos.' Ahora pues, si he hallado gracia ante Tus ojos, Te ruego que me hagas conocer Tus caminos para que yo Te conozca y halle gracia ante Tus ojos. Considera también que esta nación es Tu pueblo." "Mi presencia irá contigo, y Yo te daré descanso," le contestó el Señor. Entonces Moisés le dijo: "Si Tu presencia no va con nosotros, no nos hagas salir de aquí. ¿Pues en qué se conocerá que he hallado gracia ante Tus ojos, yo y Tu pueblo? ¿No es acaso en que Tú vayas con nosotros, para que nosotros, yo y Tu pueblo, nos distingamos de todos los demás pueblos que están sobre la superficie de la tierra?"

- ÉXODO 40:34-38
  Entonces la nube cubrió la tienda de reunión y la gloria del SEÑOR llenó el tabernáculo. Moisés no podía entrar en la tienda de reunión porque la nube estaba sobre ella y la gloria del SEÑOR llenaba el tabernáculo. Y en todas sus jornadas cuando la nube se alzaba de sobre el tabernáculo, los Israelitas se ponían en marcha. Pero si la nube no se alzaba, ellos no se ponían en marcha hasta el día en que se alzaba. Porque en todas sus jornadas la nube del Señor estaba de día sobre el tabernáculo, y de noche había fuego allí a la vista de toda la casa de Israel.

- DEUTERONOMIO 4:37
  Porque El amó a tus padres, por eso escogió a su descendencia después de ellos; y personalmente te sacó de Egipto con Su gran poder.

- JOSUÉ 1:1-2, 5
  Después de la muerte de Moisés, siervo del SEÑOR, el SEÑOR habló a Josué, hijo de Nun, y ayudante de Moisés, y le dijo: "Mi siervo Moisés ha muerto. Ahora pues, levántate, cruza este Jordán, tú y todo este pueblo, a la tierra que Yo les doy a los Israelitas... Nadie te podrá hacer frente en todos los días de tu vida. Así como estuve con Moisés, estaré contigo. No te dejaré ni te abandonaré.

- JOSUÉ 5:13-15

Cuando Josué estaba ya cerca de Jericó, levantó los ojos y vio que un hombre estaba frente a él con una espada desenvainada en la mano, y Josué fue hacia él y le dijo: "¿Es usted de los nuestros o de nuestros enemigos?" "No," respondió; "más bien yo vengo ahora como capitán del ejército del SEÑOR." Y Josué se postró en tierra, le hizo reverencia, y dijo: "¿Qué tiene que decirle mi señor a su siervo?" Entonces el capitán del ejército del Señor dijo a Josué: "Quítate las sandalias de tus pies, porque el lugar donde estás es santo." Y así lo hizo Josué.

- JUECES 6:14-16

Y el Señor lo miró, y le dijo: "Ve con esta tu fuerza, y libra a Israel de la mano de los Madianitas. ¿No te he enviado Yo?" "Ah SEÑOR," le respondió Gedeón, "¿cómo libraré a Israel? Mi familia es la más pobre en Manasés, y yo el menor de la casa de mi padre." Pero el SEÑOR le dijo: "Ciertamente Yo estaré contigo, y derrotarás a Madián como a un solo hombre."

- 1 SAMUEL 4:6-7

Al oír los Filisteos el ruido del clamor, dijeron: "¿Qué significa el ruido de este gran clamor en el campamento de los Hebreos?" Entonces comprendieron que el arca del Señor había llegado al campamento. Y los Filisteos tuvieron temor, pues dijeron: "Dios ha venido al campamento." Y añadieron: "¡Ay de nosotros! Porque nada como esto ha sucedido antes.

- ISAÍAS 63:9

En todas sus angustias El estuvo afligido, Y el ángel de Su presencia los salvó. En Su amor y en Su compasión los redimió, los levantó y los sostuvo todos los días de antaño.

- SALMO 132:8, 13-14
  Levántate, SEÑOR, al lugar de Tu reposo; Tú y el arca de Tu poder.... Porque el Señor ha escogido a Sion; La quiso para Su habitación. "Este es Mi lugar de reposo para siempre; Aquí habitaré, porque la he deseado.

- 2 CRÓNICAS 7:1-5
  (Salomón acababa de terminar de construir el templo en Jerusalén). Cuando Salomón terminó de orar, descendió fuego desde el cielo y consumió el holocausto y los sacrificios, y la gloria del SEÑOR llenó la casa. Los sacerdotes no podían entrar en la casa del SEÑOR, porque la gloria del SEÑOR llenaba la casa del SEÑOR. Y todos los Israelitas, viendo descender el fuego y la gloria del SEÑOR sobre la casa, se postraron rostro en tierra sobre el pavimento y adoraron y alabaron al SEÑOR, diciendo: "Ciertamente El es bueno; ciertamente Su misericordia es para siempre." Entonces el rey y todo el pueblo ofrecieron sacrificio delante del SEÑOR. Y el rey Salomón ofreció un sacrificio de 22,000 bueyes y 120,000 ovejas. Así dedicaron la casa de Dios, el rey y todo el pueblo.

Esto nos lleva al tiempo de Jeremías y Ezequiel quienes por un tiempo fueron contemporáneos. Mientras Ezequiel estaba en cautiverio, Jeremías estaba en Jerusalén donde presenció y sobrevivió a las tres invasiones babilónicas.

Comencemos con algunos versículos que muestran la presencia de Jehová-shammá en el patio interior en Jerusalén. Al leer este primer pasaje, subraya qué causo tanto pesar al Señor. Escríbelo a continuación.

- EZEQUIEL 8:3-6, 17-18

  Y extendió algo semejante a una mano y me tomó por un mechón de mi cabello; y el Espíritu me alzó entre la tierra y el cielo y me llevó a Jerusalén en visiones de Dios, a la entrada de la puerta que mira al norte del atrio interior, allí donde estaba la morada del ídolo de los celos que provoca los celos. La gloria del Dios de Israel estaba allí, como la visión que yo había visto en la llanura. Y Dios me dijo: "Hijo de hombre, levanta ahora tus ojos hacia el norte." Y levanté mis ojos hacia el norte, y vi que al norte de la puerta del altar, a la entrada estaba el ídolo de los celos. Entonces El me dijo: "Hijo de hombre, ¿ves lo que hacen éstos, las grandes abominaciones que comete aquí la casa de Israel para que Me aleje de Mi santuario? Pero aún verás mayores abominaciones"... Y El me dijo: "¿Has visto, hijo de hombre? ¿Le parece poco a la casa de Judá cometer las abominaciones que aquí han cometido, que han llenado la tierra de violencia y Me han provocado repetidas veces? Porque se llevan el ramo a la nariz. Por tanto, ciertamente Yo obraré con furor. Mi ojo no tendrá piedad, ni Yo perdonaré; y aunque griten a Mis oídos con gran voz, no los escucharé."

- EZEQUIEL 10:3-4

  (Aquí, Dios estaba de pie sobre el umbral de Su casa).

  Los querubines estaban de pie a la derecha del templo cuando el hombre entró, y la nube llenaba el atrio interior. Entonces la gloria del SEÑOR subió del querubín hacia el umbral del templo, y el templo se llenó de la nube, y el atrio se llenó del resplandor de la gloria del SEÑOR.

- EZEQUIEL 10:18

  (Luego se movió y permaneció sobre los querubines).

  Entonces la gloria del SEÑOR salió de sobre el umbral del templo y se puso sobre los querubines.

- EZEQUIEL 10:19

  (Ahora estaba en la puerta oriental).

  Cuando los querubines alzaron sus alas y se elevaron del suelo ante mis ojos salieron con las ruedas a su lado, y se detuvieron a la entrada de la puerta oriental de la casa del SEÑOR. Y la gloria del Dios de Israel estaba por encima, sobre ellos.

- EZEQUIEL 11:22-23
(Finalmente, Dios se detuvo sobre el Monte de los Olivos, al oriente de Jerusalén).
Entonces los querubines alzaron sus alas con las ruedas a su lado, y la gloria del Dios de Israel estaba por encima, sobre ellos. La gloria del SEÑOR se elevó de en medio de la ciudad, y se detuvo sobre el monte que está al oriente de la ciudad.

¿Puedes percibir la renuencia de Dios al dejar Su templo, Su ciudad donde había establecido Su nombre? ¿Puedes verlo demorándose, anhelosamente, esperando su grito de arrepentimiento? Éste, amado, es nuestro Dios cuyo nombre es celoso. No tendrás otros dioses delante de Él.

Aunque, Dios dejó Jerusalén, tenía que regresar. ¡Él es Jehová, un Dios que guarda el pacto! Aún cuando se preparaba para dejar Jerusalén en Ezequiel 11:22-24, Ezequiel se postró sobre su rostro y lloró: "¡Ah, Señor Jehová! ¿destruirás del todo al remanente de Israel?" (Ezequiel 11:13). A lo cual Jehová respondió:

Por tanto, di: Así dice el Señor Dios: Aunque los había echado lejos entre las naciones, y aunque Yo los había dispersado por las tierras, sin embargo fui para ellos un santuario por poco tiempo en las tierras adonde habían ido. Por tanto di: Así dice el Señor Dios: Yo los recogeré de entre los pueblos y los reuniré de las tierras entre las cuales han sido dispersados, y les daré la tierra de Israel. Cuando lleguen allí, quitarán de ella todas sus cosas detestables y todas sus abominaciones. Yo les daré un solo corazón y pondré un espíritu nuevo dentro de ellos. Y quitaré de su carne el corazón de piedra y les daré un corazón de carne, (Ezequiel 11:16-19).

Ahora puedes entender lo que significó para el pueblo de Dios cuando dijo: "La ciudad tendrá 9,450 metros en derredor; y el nombre de la ciudad desde ese día será: 'el Señor está allí" (Ezequiel 48:35). Jehová regresará.

Maranata. ¡El Señor viene! ¿Lo estás esperando? ¿Estás listo? Mañana discutiremos un poco más este tema.

— CUADRAGÉSIMO SEGUNDO DÍA —

La esperanza de Israel fue la promesa de Su regreso. Sin embargo, serían aproximadamente seiscientos años antes que el Señor regresara a Su templo. Y aún cuando esto ocurrió, no sería el cumplimiento total de Ezequiel 48:35: Y el nombre de la ciudad desde ese día será: 'el Señor está allí'". (Al final del Día 42, mira el cuadro El Plan de Dios Para las Edades. Estúdialo para que puedas ver cuándo Jesús regresará para establecer Su reino y morar en Jerusalén).

Después de setenta años de cautiverio, un remanente regresaría a Jerusalén. Bajo Esdras y Zorobabel, ellos reconstruirían el templo. Bajo Nehemías, reconstruirían los muros de Jerusalén. Pero llorarían, debido a que el segundo templo no podía comparase con la gloria del templo de Salomón, ni tampoco podrían reconstruir a Jerusalén igual a como era antes.

"¡El pecado tiene un precio! Siempre es así. Sí, hay perdón en Dios. Que las misericordias del Señor jamás terminan, Pues nunca fallan Sus bondades;" (Lamentaciones 3:22); sin embargo, el pecado tiene su propia cosecha.

El Señor no regresó a morar en Su gloria Shekiná en Su templo en Jerusalén; (La palabra para *morar* en el idioma hebreo es la raíz de la palabra de donde viene *Shekiná*, significando la presencia del Señor morando en la tierra). Pero Él confirmó Su promesa de Ezequiel 48:35 por medio de Zacarías, un profeta posterior al exilio. "Canta de júbilo y alégrate, oh hija de Sion; porque voy a venir, y habitaré en medio de ti, declara el SEÑOR. Y muchas naciones se unirán al SEÑOR aquel día, y serán Mi pueblo. Entonces habitaré en medio de ti, y sabrás que el SEÑOR de los ejércitos Me ha enviado a ti. El SEÑOR poseerá a Judá, Su porción en la tierra santa, y escogerá de nuevo a Jerusalén. Guarde silencio toda carne delante del Señor, porque El se ha levantado de Su santa morada" (Zacarías 2:10-13).

Dios habló otra vez a través de Malaquías: "He aquí, yo envío mi mensajero, el cual preparará el camino delante de mí; y vendrá súbitamente a su templo el Señor a quien vosotros buscáis, y el ángel del pacto, a quién deseáis vosotros. He aquí viene, ha dicho Jehová de los ejércitos" (Malaquías 3:1). Pero eso fue todo lo que Dios dijo.

Malaquías fue el último de los profetas del Antiguo Testamento. Ellos no escucharían otra palabra de Dios por cuatrocientos años. Durante ese tiempo, los hijos de Israel tenían dos cosas a qué aferrarse: su nombre, Jehová-shammá, y Su Palabra que él engrandeció sobre todas las cosas (Salmo 138:2).

Estas dos cosas se miran en Ezequiel 39:25-29:

Por tanto, así dice el Señor Dios: "Ahora restauraré el bienestar de Jacob, y tendré misericordia de toda la casa de Israel, y Me mostraré celoso de Mi santo nombre. Y ellos olvidarán su ignominia y todas las infidelidades que cometieron contra Mí, cuando habiten seguros en su tierra sin que nadie los atemorice. Cuando Yo los traiga de entre los pueblos y los reúna de las tierras de sus enemigos, seré santificado en ellos ante los ojos de muchas naciones. Entonces sabrán que Yo soy el SEÑOR su Dios, porque los hice ir al cautiverio entre las naciones, y después los reuní de nuevo en su propia tierra, sin dejar allá a ninguno de ellos. No les ocultaré más Mi rostro, porque habré derramado Mi Espíritu sobre la casa de Israel," declara el Señor Dios.

Porque Dios es celoso por Su santo nombre, porque Su Palabra y Su nombre están sobre todas las cosas, Él regresara en Su gloria a Jerusalén.[4]

Y así lo hizo, pero la mayor parte de Israel no creyó que fuera Él. A lo suyo vino y los suyos no lo recibieron (Juan 1:11). "En el principio ya existía el Verbo, y el Verbo estaba con Dios, y el Verbo era Dios... El Verbo se hizo carne, y habitó entre nosotros, y vimos Su gloria, gloria como del unigénito del Padre, lleno de gracia y de verdad." (Juan 1:1,14). La palabra griega, que ha sido traducida habitó, literalmente significa "hizo tabernáculo".

Jesús, el "Admirable Consejero, Dios Poderoso, Padre Eterno, Príncipe de Paz" (Isaías 9:6) vino a Jerusalén. Simeón lo reconoció cuando fue llevado de niño, a ser presentado al Señor (Lucas 2:22).

Ahora, Señor, permite que Tu siervo se vaya en paz, conforme a Tu palabra; Porque mis ojos han visto Tu salvación la cual has preparado en presencia de todos los pueblos; LUZ DE REVELACION A LOS GENTILES, y gloria de Tu pueblo Israel (Lucas 2:28-32).

Las Escrituras dicen que Él vino otra vez al templo cuando tenía doce años. Aunque, los judíos estaban impresionados, no se dieron cuenta que estaban escuchando a Jehová-shammá que empezaba Su ministerio entre ellos (Lucas 3:23).

Ellos vieron sus milagros, escucharon sus palabras, pero no creyeron. En lugar de creer que era Jehová YO SOY, tomaron entonces piedras para arrojárselas; pero Jesús se escondió y salió del templo (Juan 8:59).

Rechazaron someterse a Adonai. No podían ver que quien estaba frente a ellos en el templo era Jehová-yireh. Allí, en el Monte Moriah, en el mismo lugar en el que Abraham había ofrecido un carnero en lugar de Isaac, estaba el Cordero de Dios, la provisión de Dios por Sus pecados. Pero ellos fueron testarudos y ciegos. Cerraron sus oídos y sus ojos (Mateo 13:13-15). Rechazaron seguir a Jehová-raá, el Pastor que les daría vida.

"Como resultado de esto muchos de Sus discípulos se apartaron y ya no andaban con El" (Juan 6:66). No se apoyarían en Jehová nissí, Su estandarte. "Pues desconociendo la justicia de Dios y procurando establecer la suya propia, no se sometieron a la justicia de Dios. Porque Cristo es el fin de la ley para justicia a todo aquél que cree" (Romanos 10:3-4). Pero rechazaron creer.

Cuando los judíos conspiraron para arrestar a Jesús en el huerto de Getsemaní, ellos nunca soñaron que estaban poniendo sus manos sobre Jehová-tsebaot, el Señor de los ejércitos, quien podía tener más de "doce legiones de ángeles" (Mateo 26:53).

Ellos crucificaron a Jehová-tsidkenu. La sangre y el agua fluyeron derramándose. Ellos no sabían que se trataba del bálsamo de Galaad, la sangre de Jehová-rafá, el Señor que sana. Ni tampoco podían creer que "Porque por una ofrenda Él ha hecho perfectos para siempre a los que son santificados" (Hebreos 10:14).

Aquellos que deseaban ser santos no vieron que era Jehová mekaddishkem quien colgaba en esa cruz para su santificación. Así se perdieron "tenemos paz para con Dios por medio de nuestro Señor Jesucristo" Jehová-shalom. (Romanos 5:1). Sin embargo, Jesús había hecho lo que dijo: "Yo les he dado a conocer Tu nombre, y lo daré a conocer" (Juan 17:26).

Él estuvo en Palestina por treinta y tres años entrando y saliendo del templo. Entonces un día la gloria del Señor otra vez se alejó del templo diciendo: "¡Jerusalén, Jerusalén, la que mata a los profetas y apedrea a los que son enviados a ella! ¡Cuántas veces quise juntar a tus hijos, como la gallina junta sus pollitos debajo de sus alas, y no quisiste! Por tanto, la casa de ustedes se les deja desierta. Porque les digo que desde ahora en adelante no Me verán más hasta que digan: 'Bendito Aquel que viene en el nombre del Señor.' Cuando Jesús salió del templo, y se iba, se acercaron Sus discípulos para mostrarle los edificios del templo" (Mateo 23:37-24:1).

Jesús se fue para estar con el Padre, pero no nos dejó sin consuelo. Aún ahora, Él es Jehová-shammá para aquellos que han creído en Su nombre, puesto que Él mora dentro de ellos. "Pero Yo les digo la verdad: les conviene que Yo me vaya; porque si no me voy, el Consolador no vendrá a ustedes; pero si me voy, se Lo enviaré" (Juan 16:7).

Si has creído en el nombre del Señor Jesucristo: "¿No saben que ustedes son templo de Dios y que el Espíritu de Dios habita en ustedes?" (1 Corintios 3:16). "que es Cristo en ustedes, la esperanza de la gloria" (Colosenses 1:27). "PORQUE ÉL DIJO: NO TE DESAMPARARÉ, NI TE DEJARÉ" (Hebreos 13:5).

Y ¿cómo entonces debemos vivir? "y esperar de los cielos a Su Hijo, al cual resucitó de entre los muertos, es decir, a Jesús, quien nos libra de la ira venidera" (1 Tesalonicenses 1:10).

Dios prometió que Él regresaría a Jerusalén y que Su nombre sería Jehová-shammá, el Señor está ahí. Cuando Él regrese, Su palabra dada, por medio de Ezequiel a Su pueblo Israel, será cumplida.

> y diles: 'Así dice el Señor Dios: "Voy a tomar a los Israelitas de entre las naciones adonde han ido, los recogeré de todas partes y los traeré a su propia tierra. Y haré de ellos una nación en la tierra, en los montes de Israel; un solo rey será rey de todos ellos; nunca más serán dos naciones, y nunca más serán divididos en dos reinos. No se contaminarán más con sus ídolos, ni con sus abominaciones, ni con ninguna de sus transgresiones; sino que los libraré de todos los lugares en que pecaron y los limpiaré. Y ellos serán Mi pueblo y Yo seré su Dios. Mi siervo David será rey sobre ellos, y todos ellos tendrán un solo pastor; andarán en Mis ordenanzas y guardarán Mis estatutos y los cumplirán. Habitarán en la tierra que di a Mi siervo Jacob, en la cual habitaron sus padres; en ella habitarán ellos y sus hijos, y los hijos de sus hijos para siempre; y Mi siervo David será su príncipe para siempre. Haré con ellos un pacto de paz; será un pacto eterno con ellos. Y los estableceré, los multiplicaré y pondré Mi santuario en medio de ellos para siempre. Mi morada estará también junto a ellos, y Yo seré su Dios y ellos serán Mi pueblo. Y las naciones sabrán que Yo, el Señor, santifico a Israel, cuando Mi santuario esté en medio de ellos para siempre'" (Ezequiel 37:21-28).

Pero antes o durante todo esto, Él debe cumplir Su Palabra dada a nosotros, la Iglesia: "En la casa de Mi Padre hay muchas moradas; si no fuera así, se lo hubiera dicho; porque voy a preparar un lugar para ustedes. Y si me voy y les preparo un lugar, vendré otra vez y los tomaré adonde Yo voy; para que donde Yo esté, allí estén ustedes también" (Juan 14:2-3).

Allí es donde quiero estar, donde Él está — Jehová-shammá.

Entonces vi un cielo nuevo y una tierra nueva, porque el primer cielo y la primera tierra pasaron, y el mar ya no existe. Y vi la ciudad santa, la nueva Jerusalén, que descendía del cielo, de Dios, preparada como una novia ataviada para su esposo. Entonces oí una gran voz que decía desde el trono: "El tabernáculo de Dios está entre los hombres, y El habitará entre ellos y ellos serán Su pueblo, y Dios mismo estará entre ellos. El enjugará toda lágrima de sus ojos, y ya no habrá muerte, ni habrá más duelo, ni clamor, ni dolor, porque las primeras cosas han pasado." El que está sentado en el trono dijo: "Yo hago nuevas todas las cosas." Y añadió: "Escribe, porque estas palabras son fieles y verdaderas" (Apocalipsis 21:1-5).

La voz del Señor hace parir a las ciervas y deja los bosques desnudos, y en Su templo todo dice: "¡Gloria!" (Salmo 29:9).

¡Maranata!

¿Recuerdas cuando te pedimos el primer día de nuestro estudio que describieras a Dios? Bien, tu última tarea en este estudio es escribir otra descripción de tu Dios. Cuando termines, compárala con aquella que escribiste el primer día. ¿Te ha enseñado Dios más acerca de Él mismo? ¿Te ha bendecido?

Si quieres retener lo que has aprendido, ensaya los nombres de Dios una y otra vez al orar. Conocer los nombres de Dios te ayudará a adorarlo apropiadamente.

VERSÍCULO PARA MEMORIZAR

En Ti pondrán su confianza los que conocen Tu nombre, porque Tú, oh Señor, no abandonas a los que Te buscan.

SALMO 9:10

PREGUNTAS PARA LA DISCUSIÓN EN GRUPOS PEQUEÑOS

1. ¿Qué significa Jehová-shammá?

2. Otro nombre de Dios es Qanná, Celoso. ¿Qué relación viste entre los dos nombres, El Señor esta ahí y Celoso?

3. ¿Qué cuadro viste en tu mente cuando leíste el relato del alejamiento de Dios del patio interior en Jerusalén? ¿Cómo te afectó emocionalmente?

4. ¿Cómo definirías el celo de Dios? ¿Cómo ves el celo de Dios con relación a ti mismo?

5. Después de la renuencia de Dios a dejar a Su pueblo en el relato de Ezequiel, lo vemos otra vez en la persona del Señor Jesucristo, Jehová-shammá, Dios está ahí. Anduvo entre ellos como:

Adonai
Jehová-yireh
Jehová-raá
Jehová-nissí
Jehová-tsidkenu
Jehová-tsebaot
Jehová-rafá
Jehová-mekaddishkem
Jehová-shalom

¡Y aun así lo rechazaron! Has estudiado los nombres de Dios. Lo conoces como Su pueblo Israel lo conoció. Ellos lo rechazaron. ¿Qué has hecho tú con Él? ¿Quién es Él para ti?

¡Vivamos en el conocimiento de quién es Él!

El PLAN DE DIOS

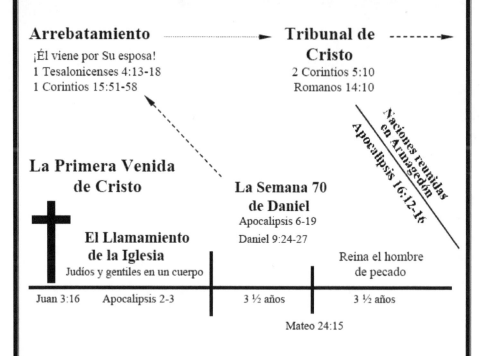

Arrebatamiento

¡Él viene por Su esposa!
1 Tesalonicenses 4:13-18
1 Corintios 15:51-58

Tribunal de Cristo

2 Corintios 5:10
Romanos 14:10

La Primera Venida de Cristo

El Llamamiento de la Iglesia
Judíos y gentiles en un cuerpo

La Semana 70 de Daniel
Apocalipsis 6-19
Daniel 9:24-27

Reina el hombre de pecado

Naciones reunidas en Armagedón
Apocalipsis 16:12-16

Juan 3:16   Apocalipsis 2-3   3 ½ años   3 ½ años

Mateo 24:15

Seol
Lucas 16:19-31

El Seno de Abraham o Paraíso
Evacuado y llevado al tercer cielo
después de la muerte y
resurrección de Cristo
(2 Corintios 12:2-4;
Efesios 4:8-10)

Hades
Lugar de tormento

1994 Precept Ministries of Reach Out, Inc.

PARA LAS EDADES

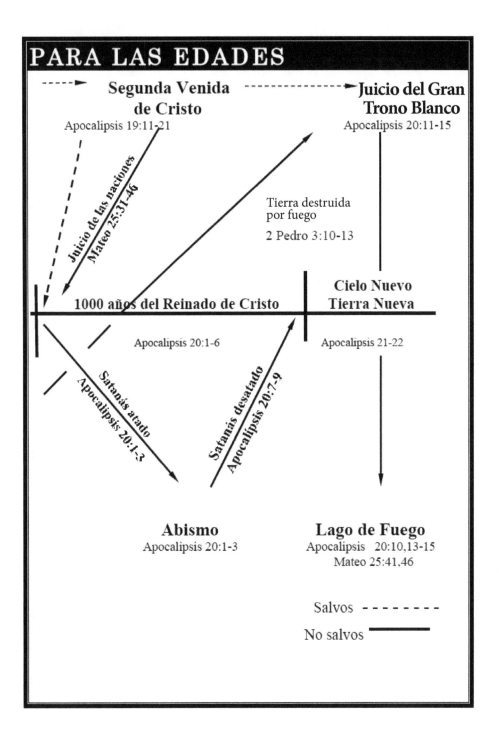

Segunda Venida de Cristo
Apocalipsis 19:11-21

Juicio del Gran Trono Blanco
Apocalipsis 20:11-15

Juicio de las naciones
Mateo 25:31-46

Tierra destruida por fuego
2 Pedro 3:10-13

1000 años del Reinado de Cristo
Apocalipsis 20:1-6

Cielo Nuevo Tierra Nueva
Apocalipsis 21-22

Satanás atado
Apocalipsis 20:1-3

Satanás desatado
Apocalipsis 20:7-9

Abismo
Apocalipsis 20:1-3

Lago de Fuego
Apocalipsis 20:10,13-15
Mateo 25:41,46

Salvos - - - - - - - -

No salvos ▬▬▬

En Ti pondrán su confianza los que conocen Tu nombre,
Porque Tú, oh Señor, no abandonas a los que Te buscan.

SALMO 9:10

El Shaddai
EL DIOS TODOSUFICIENTE

El Elyon
EL DIOS ALTÍSIMO

El Olam
EL DIOS ETERNO

Adonai
SEÑOR, AMO

Jehová-nissi
EL SEÑOR MI ESTANDARTE

Jehová-yireh
EL SEÑOR PROVEERÁ

Yahweh
SEÑOR (JEHOVÁ)

Elohim
DIOS (EL CREADOR)

Jehová-raá
EL SEÑOR ES MI PASTOR

YO SOY EL QUE SOY

Qanná
DIOS CELOSO

Jehová-rafá
EL SEÑOR QUE SANA

Jehová-shalom
EL SEÑOR ES PAZ

Jehová-shammá
EL SEÑOR ESTÁ AHÍ

El Roí
EL SEÑOR QUE VE

Jehová-tsebaot
EL SEÑOR DE LOS EJÉRCITOS

Jehová-tsidkenu
EL SEÑOR NUESTRA JUSTICIA

Jehová-mekaddishkem
EL SEÑOR QUE NOS SANTIFICA

FUENTES
DE
ESTUDIO

CÓMO MARCAR TU BIBLIA

Una de las cosas que te enseñamos en Ministerios Precepto Internacional cuando haces un estudio bíblico inductivo, es encontrar palabras clave en el pasaje que estás estudiando y marcarlas en forma resaltada. Este es un elemento importante y de mucha ayuda en ese paso esencial del estudio bíblico que se conoce como observación — descubrir lo que el texto dice exactamente. Muchas veces se malinterpreta un pasaje de la Escritura debido a que no se hizo un correcto trabajo inicial de observación. Para no pasar por alto ese paso tan importante, debes recordar marcar las palabras clave.

¿QUÉ SON LAS PALABRAS CLAVE?

Las palabras o frases clave son aquellas esenciales para el texto. Si hubiera que eliminarlas, encontrarías difícil o imposible comprender la esencia del pasaje. Como si fueran llaves, estas palabras "abren" el significado del texto. El reconocerlas te ayudará a descubrir el énfasis y el propósito del autor en su mensaje.

Las palabras clave pueden ser sustantivos, palabras descriptivas o palabras de acción. Frecuentemente, el autor repetirá esas frases o palabras para enfatizar su mensaje. Podrían repetirse a través de todo el libro — como las palabras clave *amor* y *permanecer*, que aparecen a lo largo del libro de 1 Juan. O podrían repetirse sólo en una pequeña sección del texto, como la palabra clave *comunión*, que se usa cuatro veces en 1 Juan 1, pero no se usa más en el resto del libro.

En la serie de estudios bíblicos "Señor", muchas veces se te pedirá que encuentres y marques ciertas palabras o frases clave en el pasaje que se está estudiando. Quizás desees hacer de este método un hábito en tu estudio personal de la Biblia.

CÓMO MARCAR PALABRAS CLAVE

Las palabras clave pueden marcarse en diferentes formas.

1. Para resaltar las palabras puedes utilizar diferentes colores o una combinación de estos. Cuando marcamos un pasaje, nos gusta elegir el color que mejor refleja el significado de esa palabra específica.

Las referencias a Dios las coloreamos en amarillo, pues Dios es luz y no hay oscuridad en Él. Coloreamos pecado de café y cualquier referencia al templo en el Antiguo Testamento en color azul.

2. Puedes usar una variedad de símbolos — encerrar con un círculo la palabra, subrayarla o dibujar sobre ella un símbolo que tú mismo inventes, como estos:

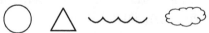

Cuando usamos símbolos, tratamos de elaborar uno que describa bien la palabra. Por ejemplo, las palabras clave *arrepentirse* y *arrepentimiento* en Mateo 3 podrían marcarse con el símbolo ⟵⟶ ya que en la Escritura, el significado de la raíz de esta palabra, representa un cambio de mente, que a menudo lleva a un cambio de dirección.

3. También puedes combinar colores con símbolos. Por ejemplo:
- En 1 Juan 3, la palabra clave amor podría marcarse con un corazón rojo como éste:♡. Si deseas distinguir el amor de Dios del amor del hombre, podrías colorear el corazón de Dios en amarillo y el del hombre en rojo.
- Cada referencia al diablo o a espíritus de maldad podría marcarse con un tridente Ψ
- Cada referencia a pacto podría colorearse en rojo y enmarcarse en amarillo.

La *Biblia de Estudio Inductivo* (BEI) contiene una página completa con sugerencias para marcar palabras clave que se utilizan a través de la Biblia.

UNA PALABRA DE ADVERTENCIA

Cuando se buscan palabras clave, a veces se tiende a marcar demasiadas palabras. Por ejemplo, nosotros marcamos muy pocas veces las referencias a Dios y a Jesucristo, a menos que sean muy necesarias para comprender el mensaje. Por ejemplo, las frases "en Cristo" y "en Él" son significativas para entender el mensaje de Efesios 1–3. Si marcas cada referencia a Jesús, en algunos de los relatos del evangelio, tu Biblia terminará demasiado resaltada, así que debes ser muy prudente al marcar. (Las referencias al Espíritu Santo siempre las marcamos, porque no se le menciona mucho y existe gran confusión acerca de Su persona y Su ministerio).

Recuerda buscar aquellas palabras que se relacionan con el tema fundamental del texto. Puede ser que a veces una palabra clave no se repita mucho, pero sabrás que es clave porque sin ella no podrías comprender la esencia de lo que el autor dice en el pasaje.

ASEGÚRATE DE MARCAR LOS SINÓNIMOS Y PRONOMBRES DE LAS PALABRAS CLAVE

Los sinónimos deben marcarse en la misma forma que la palabra clave. Por ejemplo, en Efesios 6:10-18 debes marcar las palabras "diablo" y "maligno" de igual manera.

También asegúrate de marcar los pronombres (yo, tú, él, ella, eso, nosotros, nuestro, etc.) de la misma forma en que marcaste las palabras a las que ellos se refieren. Por ejemplo, en 1 Timoteo 3:1-7, debes marcar los pronombres *su* y *sus* en la misma forma que la palabra clave *obispo*.

Para ser consistente, en una tarjeta puedes hacer una lista de los símbolos y colores clave que has usado para ciertas palabras y mantenerla dentro de tu Biblia.

IDENTIFICACIÓN INMEDIATA

Cuando has marcado en esta forma las palabras clave en un pasaje, puedes mirar el texto y entender inmediatamente el uso e importancia de la palabra. En el futuro podrás localizar rápidamente temas clave e identificar verdades significativas en cualquier pasaje que hayas estudiado y marcado.

ELABORACIÓN DE LISTAS CON PALABRAS CLAVE

Después de marcar las palabras clave, te será útil hacer una lista de lo que aprendes en el texto en relación con estas palabras. Por ejemplo, después de marcar la palabra pecado en 1 Juan 3, harás una lista de lo que el texto dice acerca del pecado. Mientras observas cada palabra clave marcada, anota todo lo que responde a las 6 preguntas básicas: *¿Quién? ¿Qué? ¿Cómo? ¿Cuándo? ¿Dónde? ¿Por qué?* acerca del pecado. Al hacerlo, no sólo te sorprenderás, sino que te gozarás con las verdades que puedes aprender con este sencillo proceso de observación.

Para aprender más sobre cómo marcar tu Biblia y el enfoque del estudio inductivo, usa *La Nueva Biblia de Estudio Inductivo*, o comunícate a las oficinas de Ministerios Precepto Internacional en tu país.

LINEAMIENTOS PARA EL USO EN GRUPO

Este libro de estudio, al igual que todos los de la serie "Señor", puede utilizarse para grupos de estudio bíblico en hogares, clases de Escuela Dominical, devocionales familiares y una gran diversidad de actividades en grupo. A continuación encontrarás algunos puntos que deben tomarse en cuenta al usar este estudio, en cualquier situación o circunstancia.

- En oración entrega todo el estudio al Señor, buscando Su dirección en cada paso.
- Al irse formando tu grupo, anima a cada miembro a comprar una copia individual de este libro.
- Al empezar con tu próxima reunión, el modelo a seguir deberá ser discutir primero lo que todos han estudiado y aprendido por sí mismos durante la semana anterior, luego, si así lo deseas, podrías invitar a un maestro para presentar un mensaje más profundo sobre el material que acaban de estudiar.
- Las preguntas para discusión en grupo que se encuentran al final de cada capítulo del libro, te ayudarán a guiar la discusión del material de esa semana. Sin embargo, estas preguntas por sí solas no son suficientes para guiar una discusión animada y exitosa. Mientras mejor conozcas tu material, con mayor facilidad guiarás a tu grupo. Por lo tanto, sé fiel en tu propio estudio y continúa dependiendo del ministerio del Espíritu Santo, quien está ahí para guiarte y dirigirte a toda verdad y quien te capacitará para cumplir la buena obra que Dios ha predestinado para ti. (Como guía del grupo, lo ideal sería que leas antes todo el libro y lo estudies con algunas semanas de anticipación. De esta forma sabrás hacia dónde vas y podrás comprender mejor la meta del material que se cubre en cada estudio).
- Mientras te preparas para guiar la discusión de grupo de cada semana, ora y pregúntale a tu Padre qué es lo que el grupo necesita aprender específicamente y cuál es la mejor manera en que puedes cubrir el material. Ora con lápiz en mano y haz una lista de lo que el Señor te muestre. Luego, elabora tus propias preguntas o escoge aquellas que se encuentran al final de cada capítulo, de tal manera que puedas estimular y guiar a los miembros del grupo en dirección al Señor en el tiempo del que dispongas.

- Recuerda que los miembros de tu grupo sentirán que han cumplido mejor la tarea si tienen oportunidad de discutir lo que estudiaron por sí mismos, así que trata de mantenerte dentro del tema que se está exponiendo. Esto evitará que el grupo llegue a frustrarse. Asegúrate de que las respuestas y observaciones provengan de la Palabra de Dios y que estén siempre de acuerdo con todo el consejo de Dios.

- Esfuérzate por proveer a tu grupo de una atmósfera de amor, seguridad y cuidado. Interésense unos por otros. Lleven los unos las cargas de los otros, y cumplan así la ley de Cristo —la ley del amor (Gálatas 6:2). Nos necesitamos unos a otros desesperadamente.

Queremos que sepas que agradecemos a nuestro Padre por ti y por tu disposición para asumir este papel crítico de establecer al pueblo de Dios en Su Palabra. Sabemos que este proceso redundará en gloria y reverencia para Él. ¡Así que persevera, valiente! Él vendrá pronto y traerá Su reino en toda su gloria y Su recompensa es con Él para cada uno de nosotros, conforme a nuestras obras.

LA SERIE "SEÑOR": UN PANORAMA GENERAL

Nuestra carga — y nuestro llamado — es ayudar a los cristianos (o personas interesadas) a ver por sí mismos lo que la Palabra de Dios quiere enseñarles sobre temas significativos y relevantes para la vida. Hay mucha gente inconstante y débil en su cristianismo porque no ha conocido la verdad por sí misma; solamente saben lo que otros les han enseñado. Por esta razón, estos libros están diseñados para involucrarte en la incomparable y enriquecedora experiencia de estudiar diariamente la Palabra de Dios.

Cada libro ha sido examinado cuidadosamente y ya ha tenido gran impacto en una multitud de vidas. Permítenos mostrarte a continuación la serie completa.

Señor, Quiero Conocerte es un estudio fundamental para los libros "Señor". En este estudio de diecisiete semanas, descubrirás cómo se revela el carácter de Dios a través de Sus nombres, como Creador, Sanador, Protector, Proveedor y muchos más. En los nombres de Dios hallarás fortaleza para tus pruebas más difíciles, consuelo para un corazón profundamente adolorido y provisión para la necesidad más grande de tu alma. Mientras llegas a conocerlo más a fondo — el poder de Su glorioso nombre y la profundidad de Su amor infinito — tu andar con Dios será transformado y tu fe crecerá.

Señor, Sana Mis Heridas es, con mucha razón, uno de los estudios más populares de esta serie. Si estás en contacto con el mundo, sabrás que hay gente a tu alrededor con gran aflicción. Cuando estamos sufriendo, buscamos alivio en todas partes. Algunos acudimos a otras personas; muchos buscan un escape en las drogas, el trabajo, más educación y aún en diversos pasatiempos. Pero en Dios puedes encontrar salvación de cualquier situación, de cualquier dolor. En este estudio de trece semanas verás que, no importa lo que hayas hecho o lo que te hayan hecho, Dios quiere ser tu refugio… Él te ama y desea tu entrega total… y te ofrece sanidad para tus heridas más profundas.

Hemos escrito estos libros para que tengas la enseñanza de la Palabra de Dios para las situaciones importantes de la vida — no sólo para ti mismo, sino también para tu ministerio con otras personas.

Queremos que sepas que estás en nuestro corazón porque eres precioso para Dios y anhelamos verte vivir como más que vencedor, cumpliendo el propósito de Dios para tu vida.

NOTAS

CAPÍTULO UNO

1. De vez en cuando buscamos la definición de una palabra en hebreo o en griego. Ya que el Antiguo Testamento fue escrito originalmente en hebreo y el Nuevo Testamento en griego *koiné*, muchas veces resulta de gran ayuda el regresar al idioma original para buscar el significado de una palabra. Hay muchas herramientas de estudio que pueden ayudarte si deseas hacer una investigación de este tipo. Un libro excelente que te puede ayudar a entender como hacer un estudio más profundo es *"Cómo Estudiar tu Biblia"* (Ministerios Precepto Internacional, 2008).

CAPÍTULO CINCO

1. Michael Card and John W: Thompson, "El Shaddai" (Whole Armor Publishing Company, 1981).
2. James Orr, *International Standard Bible Encyclopedia*, vol. 2 (Grand Rapids, Mich.: Wm. B. Eerdmans Publishing Co., 1930), 125.
3. Andrew Jukes, *Los Nombres de Dios* (Barcelona, España: Libros Clie 1988), 60-64.

CAPÍTULO SEIS

1. Para referencias adicionales acerca de la deidad de Jesucristo ver los siguientes pasajes: Juan 1:1, 14; Juan 8:24,58; Éxodo 3:14; Hebreos 1:1-3,8; Isaías 9:6-7.

CAPÍTULO SIETE

1. *Bondad*, es un término de pacto.

CAPÍTULO DIEZ

1. Hay diferentes clases de listas que puedes usar cuando estudias inductivamente, no obstante, se te explicaran cuando estudies un curso de Precepto sobre Precepto ó puedes buscar en el libro "*como estudiar tu Biblia*", donde se explican las distintas clases de lista con sus debidas ilustraciones.

CAPÍTULO ONCE

1. La Vara de Dios, en Éxodo 17:9, es la vara de Elohim en hebreo.

CAPÍTULO CATORCE

1. *Teocracia* significa que el pueblo está gobernado por Dios. Bajo una monarquía, el pueblo está gobernado por un rey.

CAPÍTULO QUINCE

1. Kay Arthur, *Beloved: From God´s Heart to Yours,* (Eugene, Ore.: Harvest House Publishers, 1995), 176.
2. Arthur, *Beloved*, 176.
3. Phillip Keller, *A Sheperd Looks at Psalm 23*, (Grand Rapids, Mich.: Zondervan Publishing House, 1970), 35.
4. Arthur, *Beloved -*, 207.

CAPÍTULO DIECISIETE

1. Geoffrey Bull, *God Holds the Key* (Chicago: Moody Press, 1959).
2. Irving Jensen, *Jensen´s Survey of Old Testament* (Chicago: Moody Press, 1978), 360. Usado con permiso.
3. Jensen, *Jensen's Survey of Old Testament,* 368.
4. La Biblia de las Américas dice "por Su nombre".

Acerca De Ministerios Precepto Internacional

Ministerios Precepto Internacional fue levantado por Dios para el solo propósito de establecer a las personas en la Palabra de Dios para producir reverencia a Él. Sirve como un brazo de la iglesia sin ser parte de una denominación. Dios ha permitido a Precepto alcanzar más allá de las líneas denominacionales sin comprometer las verdades de Su Palabra inerrante. Nosotros creemos que cada palabra de la Biblia fue inspirada y dada al hombre como todo lo que necesita para alcanzar la madurez y estar completamente equipado para toda buena obra de la vida. Este ministerio no busca imponer sus doctrinas en los demás, sino dirigir a las personas al Maestro mismo, Quien guía y lidera mediante Su Espíritu a la verdad a través de un estudio sistemático de Su Palabra. El ministerio produce una variedad de estudios bíblicos e imparte conferencias y Talleres Intensivos de entrenamiento diseñados para establecer a los asistentes en la Palabra a través del Estudio Bíblico Inductivo.

Jack Arthur y su esposa, Kay, fundaron Ministerios Precepto en 1970. Kay y el equipo de escritores del ministerio producen estudios **Precepto sobre Precepto,** Estudios **In & Out**, estudios de la **serie Señor**, estudios de la **Nueva serie de Estudio Inductivo**, estudios **40 Minutos** y **Estudio Inductivo de la Biblia Descubre por ti mismo para niños.** A partir de años de estudio diligente y experiencia enseñando, Kay y el equipo han desarrollado estos cursos inductivos únicos que son utilizados en cerca de 185 países en 70 idiomas.

Movilizando
Estamos movilizando un grupo de creyentes que "manejan bien la Palabra de Dios" y quieren utilizar sus dones espirituales y talentos para alcanzar 10 millones más de personas con el estudio bíblico inductivo para el año 2015. Si compartes nuestra pasión por establecer a las personas en la Palabra de Dios, te invitamos a leer más. Visita **www.precept.org/Mobilize** para más información detallada.

Respondiendo Al Llamado
Ahora que has estudiado y considerado en oración las escrituras, ¿hay algo nuevo que debas creer o hacer, o te movió a hacer algún cambio en tu vida? Es una de las muchas cosas maravillosas y sobrenaturales que resultan de estar en Su Palabra – Dios nos habla.

En Ministerios Precepto Internacional, creemos que hemos escuchado a Dios hablar acerca de nuestro rol en la Gran Comisión. Él nos ha dicho en Su Palabra que hagamos discípulos enseñando a las personas cómo estudiar Su Palabra. Planeamos alcanzar 10 millones más de personas con el Estudio Bíblico Inductivo para el año 2015.

Si compartes nuestra pasión por establecer a las personas en la Palabra de Dios, ¡te invitamos a que te unas a nosotros! ¿Considerarías en oración aportar mensualmente al ministerio? Si ofrendas en línea en **www.precept. org/ATC**, ahorramos gastos administrativos para que tus dólares alcancen a más gente. Si aportas mensualmente como una ofrenda mensual, menos dólares van a gastos administrativos y más van al ministerio.
Por favor ora acerca de cómo el Señor te podría guiar a responder el llamado.

COMPRA CON PROPÓSITO
Cuando compras libros, estudios, audio y video, por favor cómpralos de Ministerios Precepto a través de nuestra tienda en línea (**http://store.precept.org/**) o en la oficina de Precepto en tu país. Sabemos que podrías encontrar algunos de estos materiales a menor precio en tiendas con fines de lucro, pero cuando compras a través de nosotros, las ganancias apoyan el trabajo que hacemos:

• Desarrollar más estudios bíblicos inductivos
• Traducir más estudios en otros idiomas
• Apoyar los esfuerzos en 185 países
• Alcanzar millones diariamente a través de la radio y televisión
• Entrenar pastores y líderes de estudios bíblicos alrededor del mundo
• Desarrollar estudios inductivos para niños para comenzar su viaje con Dios
• Equipar a las personas de todas las edades con las habilidades es estudio bíblico que transforma vidas

Cuando compras en Precepto, ¡ayudas a establecer a las personas en la Palabra de Dios!

9 781621 194590